普通高等教育"十一五"国家级规划教材　博雅对外汉语精品教材
短期强化口语教材系列

汉语口语速成

中级篇
Intermediate

SHORT-TERM SPOKEN CHINESE
第三版　3rd Edition

马箭飞　主编
陈若君　马箭飞　毛　悦　编著

图书在版编目 (CIP) 数据

汉语口语速成. 中级篇 / 马箭飞主编；陈若君，马箭飞，毛悦编著. —3 版. —北京：北京大学出版社，2015.12

（博雅对外汉语精品教材）

ISBN 978-7-301-26353-2

Ⅰ. ①汉… Ⅱ. ①马… ②陈… ③毛… Ⅲ. ①汉语 – 口语 – 对外汉语教学 – 教材 Ⅳ. ① H195.4

中国版本图书馆 CIP 数据核字 (2015) 第 236943 号

书　　　名	汉语口语速成・中级篇（第三版）
	HANYU KOUYU SUCHENG・ZHONGJI PIAN (DI-SAN BAN)
著作责任者	马箭飞　主编　陈若君　马箭飞　毛　悦　编著
策　　　划	王　飙
责任编辑	李　凌
绘　　　图	潘弋妮
标准书号	ISBN 978-7-301-26353-2
出版发行	北京大学出版社
地　　　址	北京市海淀区成府路 205 号　100871
网　　　址	http://www.pup.cn　　新浪微博：@北京大学出版社
电子信箱	zpup@pup.cn
电　　　话	邮购部 62752015　发行部 62750672　编辑部 62752028
印 刷 者	北京宏伟双华印刷有限公司
经 销 者	新华书店
	787 毫米 × 1092 毫米　16 开本　13.25 印张　266 千字
	1999 年 6 月第 1 版
	2015 年 12 月第 3 版　2024 年 9 月第 5 次印刷
定　　　价	39.00 元

未经许可，不得以任何方式复制或抄袭本书之部分或全部内容。
版权所有，侵权必究
举报电话：010-62752024　电子信箱：fd@pup.pku.edu.cn
图书如有印装质量问题，请与出版部联系，电话：010-62756370

第三版出版说明

INTRODUCTION

"汉语口语速成"包含《入门篇》（上、下册）、《基础篇》（上、下册）、《提高篇》《中级篇》《高级篇》，是一套使用广泛的短期汉语口语教材。这套教材1999—2000年陆续由北京语言大学出版社出版，2005年修订再版了《入门篇》（上、下册）、《基础篇》《提高篇》和《中级篇》。第三版由北京大学出版社出版。

"汉语口语速成"是一套备受欢迎的成熟教材，因此，第三版的修订，主要是修改或更换过时内容。除此之外，由于《基础篇》篇幅较大，第三版改为上、下册；第二版没有修订《高级篇》，这次一并修订。

欢迎广大师生继续使用这套教材，并积极反馈教学意见，以便我们将来继续打磨这套精品教材。

北京大学出版社
汉语及语言学编辑部
2015年6月

前言
PREFACE

"汉语口语速成"是为短期来华留学生编写的,以培养学生口语交际技能为主的一套系列课本。全套课本共分 7 册,分别适应具有"汉语水平等级标准"初、中、高三级五个水平的留学生的短期学习需求。

编写这样一套系列课本主要基于以下几点考虑:

1. 短期来华留学生具有多水平、多等级的特点,仅仅按初、中、高三个程度编写教材不能完全满足学生的学习需求和短期教学的需求,细化教学内容、细分教材等级,并且使教材形成纵向系列和横向阶段的有机结合,才能使教材具有更强的适应性和针对性。

2. 短期教学的短期特点和时间上高度集中的特点,要求我们在教学上要有所侧重,在内容上要有所取舍,不必面面俱到,所以短期教学的重点并不是语言知识的系统把握和全面了解,而是要注重听说交际技能的训练。这套课本就是围绕这一目的进行编写的。

3. 短期教学要充分考虑到教学的实用性和时效性,要优选与学生日常生活、学习、交际等方面的活动有直接联系的话题、功能和语言要素进行教学,并且要尽量使学生在每一个单位教学时间里都能及时地看到自己的学习效果。因此,我们试图吸收任务教学法的一些经验,力求每一课内容都能让学生掌握并应用一项或几项交际项目,学会交际中所应使用的基本话语和规则,从而顺利地完成交际活动。

4. 教材应当把教师在教学中的一些好经验、好方法充分体现出来。在提供一系列学习和操练内容的同时,还应当在教学思路、教学技巧上给使用者以启示。参与这套教材编写的人员都是有多年教学经验,并且在教学上有所创新的青年教师,他们中有多人都曾获得过校内外的多个教学奖项。我们希望这套教材能够反映他们在课堂教学上的一些想法,与同行进行交流。

5. 编写本套教材时,我们力求在语料选取、练习形式等方面有所突破。尽量选取并加工真实语料,增加交际性练习内容,使用图片、实物图示等手段丰富教材信息,增加交际实感,体现真实、生动、活泼的特点。

"汉语口语速成"系列课本包括《入门篇》(上、下册)、《基础篇》(上、下册)、《提高篇》《中级篇》《高级篇》7 本。

1. 入门篇（上、下册）

适合零起点和初学者学习。两册共 30 课，1—5 课为语音部分，自成系统，供使用者选用。6—30 课为主课文，涉及词汇语法大纲中最常用的词汇、句型和日常生活、学习等交际活动中最基本的交际项目。

2. 基础篇（上、下册）

适合具有初步听说能力，掌握汉语简单句型和 800 个左右词汇的学习者学习。两册共 24 课，涉及大纲中以乙级词汇为主的常用词、汉语特殊句式、复句以及日常生活、学习、社交等交际活动的简单交际项目。

3. 提高篇

适合具有基本的听说能力，掌握汉语一般句式和主要复句、特殊句式及 1500 个词汇的学习者学习。共 24 课（含 4 课复习），涉及以重点词汇为主的乙级和丙级语法内容和词汇；涉及生活、学习、社交、工作等交际活动的一般性交际项目。

4. 中级篇

适合具有一般的听说能力，掌握 2500 个以上汉语词汇以及一般性汉语语法内容的学习者学习。共 14 课，涉及以口语特殊格式、具有篇章功能的特殊词汇为主的丙级与丁级语法和词汇以及基本的汉语语篇框架；涉及生活、学习、工作、社会文化等方面较复杂的交际项目。

5. 高级篇

适合具有较好的听说能力，掌握 3500 个以上汉语词汇，在语言表达的流利程度、得体性、复杂程度等方面具有初步水平的学习者学习。共 20 课，涉及大纲中丁级语法项目和社会文化、专业工作等内容的复杂交际项目，注重训练学习者综合表达自己的态度见解和分析评判事情的能力。

"汉语口语速成"系列课本适合以 6 周及 6 周以下为教学周期的各等级短期班的教学使用，同时也可以作为一般进修教学的口语技能课教材和自学教材使用。

编者

简 称 表

ABBREVIATIONS

名词	míngcí	名	noun
动词	dòngcí	动	verb
形容词	xíngróngcí	形	adjective
代词	dàicí	代	pronoun
数词	shùcí	数	numeral
量词	liàngcí	量	measure word
副词	fùcí	副	adverb
连词	liáncí	连	conjunction
介词	jiècí	介	preposition
助词	zhùcí	助	particle
叹词	tàncí	叹	interjection
拟声词	nǐshēngcí	拟声	onomatopoetic word
专有名词	zhuānyǒu míngcí	专名	proper noun

目 录
CONTENTS

| 第1课 | 不同的文化 | 1 |

人生百态：1. 中国人和美国人
　　　　　2. 我去"英语角"
实话实说：你能理解中国人吗
专家观点

| 第2课 | 父母与子女 | 13 |

人生百态：1. 可怜天下父母心
　　　　　2. 理解孩子
实话实说：父母与子女之间如何相处
专家观点

| 第3课 | 让孩子吃苦 | 27 |

人生百态：吃苦夏令营
实话实说：专家与家长的对话
专家观点

| 第4课 | 拾金不昧要不要回报 | 40 |

人生百态：失而复得的手机
实话实说：一家三口的看法
专家观点

| 第 5 课 | 邻里关系 | **54** |

  人生百态：倒垃圾的故事
  实话实说：从大杂院到单元楼
  专家观点

| 第 6 课 | 夫妻之间 | **67** |

  人生百态：1. 善意的谎言
       2. 学会宽容
  实话实说：夫妻之间是否需要距离
  专家观点：夫妻好像两块磁铁

| 第 7 课 | 家庭服务员 | **80** |

  人生百态：我家的"小保姆"
  实话实说：如何看待家庭服务员
  专家观点

| 第 8 课 | 谁来保护消费者 | **93** |

  人生百态：王海的故事
  实话实说：众人谈"王海现象"
  专家观点

| 第 9 课 | 烟与酒 | **106** |

  个人观点：抽烟的好处
  实话实说：抽烟的坏处
  专家观点：劝君莫贪杯

| 第 10 课 | 尊重生命 | **120** |

  人生百态：生命的故事
  实话实说：直面"安乐死"
  专家观点：与死亡抗争

第 11 课	**给我一片蓝天**	**135**
	人生百态：1. 绿色生活方式 　　　　　2. 保护环境，我们做了些什么 专家视角：珍·古道尔的环保理念	
第 12 课	**话说广告**	**150**
	人生百态：我看广告 实话实说：广告专家谈 专家观点	
第 13 课	**让我们关注生活质量**	**163**
	专家视角：什么是"生活质量" 实话实说："生活质量"师生谈 权威发布：北京城区居民生活质量的变化	
第 14 课	**网络给我们带来了什么**	**176**
	人生百态：女儿，你在哪儿 实话实说：网络改变了我们的生活 专家观点：网络成瘾	
词汇表		**190**

第 1 课　不同的文化

人生百态

1　中国人和美国人

中国人和美国人为人处世和性格特点极为不同。美国人喜怒哀乐形于色[1]，自己想怎么做就怎么做，也不追求与别人一致，我就是我，因此一个美国人一个样。中国人时刻想着人生在世要如何做人，重视别人对自己言行的看法。

中国人对人的赞扬是"老实"。美国人不懂中国人的"老实"实质是什么，是守本分、不欺诈，还是顺从听话？美国人对人的较高评价是"坦率"，不管你的想法怎么样，愿意说出来就好。

美国人做事谈报酬时从不客气。价钱讲在明处，很少当面不好意思讲,背后抱怨不合算。相互之间要分得一清二楚[2],他们觉得理所当然,你跟他们谈这种事,他们不会看轻你。中国人觉得朋友之间谈钱不好意思,朋友聚餐绝不会各付各的账,大家轮流请客,显得那么热情。

中国人美国人不一样。

思考题:文中从哪些方面比较了中国人和美国人的不同?

2 我去"英语角"[3]

我是一个美国人,现在在上海的一所大学教英语。最近我听说上海的一个公园有个"英语角",去那儿的中国人必须说英语,觉得很有意思。

一个星期天的下午,我去那儿转了一圈儿。刚到那儿,就有一个小伙子迎上来问我:"你叫什么名字?""你多大了?""你结婚了吗?"我真不想回答他,可是看着他满脸期待的表情,我又不好意思不说,于是草草回答了他,快步向前走去。可他在后面紧跟着我,接着问:"你有几个孩子?""你在中国挣多少钱?""你丈夫是干什么的?"等等。我怀疑他别有用心,便大声回答他:"我已经结婚了,还有两个孩子,我和丈夫都在中国工作,我们的生活很美满。"那个小伙子听了以后,很高兴的样子,对我说:"噢!你真幸福!那你的丈夫和孩子多大了?"

我推说没有时间,赶快离开了那个公园。

思考题:请你描述一下"我"当时的心理。

实话实说

你能理解中国人吗

老　师：你们几位来中国已经有一段时间了，发现没发现，中国人和西方人在很多事情的做法上存在着较大的差别？

男学生：对，开始的时候我很不习惯。比如，中国人见面喜欢问姓名、年龄、籍贯甚至问到工资。我觉得有的事情属于个人隐私，真不愿意说。您说，刚坐上出租车，一个从没见过面的司机一下子问你这么多问题，你能回答吗？

女学生：我最不喜欢别人说我"胖"，可是有的中国朋友一见面就笑眯眯地对我说："哟，你气色不错，发福了！"好像发现了一件大喜事。还有的人一遍又一遍地告诉我："天气冷了，你要多穿几件衣服。"我又不是小孩子，还不知道该穿几件衣服？[4]

老　师：西方人一般不大理解中国人的习俗和交际方式。其实这主要是由几千年的传统习惯决定的。几千年来，中国人绝大部分都住在乡村，少数住在小城市。他们住在一起经常见面，彼此关心，几乎无话不谈。在西方国家，这样做就不行了。因为人们大部分住在城市里，彼此不认识，也不闻不问，甚至在乡村，邻居之间也隔膜得很。此外，还有一个原因，中国的传统教育以儒家思想为主，同时也有道家、佛家思想。中国人崇尚尊老爱幼、亲仁善邻、安分守己、谦虚谨慎的处世之道。

男学生：怪不得呢！中国人喜欢说："哪里！哪里！""我这方面不行！"原来都是谦虚的表现啊[5]！

女学生：中国人太含蓄了，有时真让人摸不着头脑[6]。明明很喜欢，却要说"还可以"。不喜欢也说"过得去"[7]。特别让我不理解的是，很少听到中国人说"谢谢"，在父子、夫妇间更是听不到。他们还告诉我，越是不说"谢"字，关系越密切，说了反而[8]显得关系远了，这是什么道理？我在美国一天要说上几百遍"谢谢"。

老　　师：其实现代中国发生了很大变化，传统习惯、现代习惯和西方习惯共同构成了今天中国人的习惯，好像拿三种酒调成的一杯鸡尾酒。因为各地的流动人口比较多，城市里许多人互不相识，说话已经不那么亲热随便了。在城市里，现在很少有人像你说的那样祝贺别人"发福"了，因为说话人自己可能也在减肥；年轻人流行过西方的"情人节""圣诞节"，节日贺卡上的祝辞也开放多了。

女学生：那说明中国开放了，我觉得很好。

老　　师：什么事情都既有好的一面，也会带来负面效应。比如说随着[9]生活节奏的加快，人际关系越来越疏远，这就是一个需要我们重视的问题。

思考题：1. 一些外国人对中国人的一些做法不理解，请具体分析一下原因。
　　　　2. 是否生活节奏的加快一定会造成人际关系的疏远？

专家观点

文化的不同导致了不同国家人们的思维特点、语言表达形式和行为方式的不同。

在思维特点和语言表达形式上，中国人习惯从大到小的思维方法，英语国家的人恰恰相反。中国人习惯说"中国北京××大学××学院××系××班"；英语国家的人从小地方说起，最后说到国家。

从行为方式上来看，简单地举个例子：英语国家的人认为握手应该沉着用力，他们觉得这是尊敬对方的礼貌表现，而中国人却觉得这样有些过分，觉得用力过猛不礼貌，认为不碰触或轻轻碰触他人才是礼貌的表现。而这种方式恰恰是英语国家的人认为的"死鱼"式握手，他们觉得太软弱无力了。

文化的不同造成了不同的处世方法。在美国最主要的字是"I"，在中国是"we"。美国人强调以自我为中心，个人的行为和生活方式不受周围其他因素影响；而中国人崇尚映照性文化，在交际中时时拿自己与别人相比较，根据对方的年龄、地位、家庭和与自己的关系等不同情况来决定自己应该怎么说怎么做，注意自己与周围环境的均衡。

学习一个国家的语言应该了解那个国家的文化，这样就会避免发生一些不必要的误会和冲突。

生词

1	为人	wéirén	动	to behave, to conduct
2	处世	chǔshì	动	conduct oneself in society
3	追求	zhuīqiú	动	to pursue, to seek
4	老实	lǎoshi	形	honest
5	本分	běnfèn	名/形	obligation; dutiful
6	欺诈	qīzhà	动	to cheat
7	顺从	shùncóng	动	to submit to
8	坦率	tǎnshuài	形	frank
9	合算	hésuàn	形	worthwhile
10	理所当然	lǐ suǒ dāng rán		naturally
11	聚餐	jù cān		to dine together
12	轮流	lúnliú	动	to take turns
13	草草	cǎocǎo	副	hastily
14	别有用心	bié yǒu yòng xīn		to have hidden motives
15	美满	měimǎn	形	happy

16	籍贯	jíguàn	名	the place of one's birth
17	发福	fā fú		to put on weight
18	隔膜	gémó	形/名	lacking of mutual understanding; estrangement
19	谦虚	qiānxū	形	modest
20	谨慎	jǐnshèn	形	prudent
21	含蓄	hánxù	形	implicit
22	调	tiáo	动	to mix, to blend
23	鸡尾酒	jīwěijiǔ	名	cocktail
24	负面	fùmiàn	形	negative
25	效应	xiàoyìng	名	effect
26	疏远	shūyuǎn	形/动	alienated; to drift apart
27	导致	dǎozhì	动	to lead to (a bad result)
28	沉着	chénzhuó	形	steady
29	猛	měng	形	strenuous
30	软弱	ruǎnruò	形	weak
31	崇尚	chóngshàng	动	to hold in esteem
32	映照	yìngzhào	动	to shine upon
33	均衡	jūnhéng	形	harmonious
34	冲突	chōngtū	动	to conflict

注释

1 喜怒哀乐形于色

喜、怒、哀、乐各种感情都从脸上的神情表现出来。形：显露、表现。色：脸上的神情。

2 一清二楚

"一……二……"格式中插入某些双音节形容词的构成语素，表示事物或行为达到的程度。如"一清二楚"就是"清清楚楚""很清楚"的意思。例：

① 老宋在公司里干了二十多年了，公司里的情况他一清二楚。
② 看来小陈是真饿了，不到十分钟就把饭菜吃得一干二净。

3 英语角

是人们利用业余时间聚集在一起练习英语的地方。

4 我又不是小孩子，还不知道该穿几件衣服？

又：副词。用在否定句中，强调事实已经如此，后面的结论是理所当然的。例：

① 我又不是你们公司的员工，你们的规定哪能管得了我？
② 他又没看过那个电影，怎么知道好不好？

5 怪不得……，原来……

"怪不得"后面跟某一情况或结果，"原来"后面跟原因。由于说话人了解到了原因，所以感到这一情况或结果并不奇怪。例：

① 怪不得好长时间没见到琼斯了，原来她已经提前回国了。
② 怪不得这车骑着这么费劲儿，原来是轮子没气了。

6 摸不着头脑

指"不明白"。例：
你们在说什么？我一点也摸不着头脑。

7 过得去

不能让人非常满意，但可以接受，也可说成"说得过去"。例：

① 这件事我办得还过得去吧?
② 准备一些点心、水果招待客人,也就过得去了。

8 反而

某一情况应该产生某种结果,但实际上却产生了相反的结果。例:
① 听她唱歌,不但没耽误干活儿,反而干得更快了。
② 他有残疾,行动不太方便,你本来应该照顾他,为什么反而欺负他?

9 随着

表示某一动作行为、事物是另一动作行为、事物发生或变化的条件。例:
① 随着年龄的增长,人的性格也会发生变化。
② 随着科学技术的发展,大量体力劳动将被机器所代替。

练习

一、画线连接反义词

当面	冷淡		开放	疏远
赞扬	批评		流动	骄傲
热情	背后		负面	封闭
含蓄	少数		密切	固定
多数	坦率		谦虚	正面

二、下列每组词语中,有一个与其他几个不同,请把它找出来

1. 喜怒哀乐　尊老爱幼　悲欢离合　阴晴圆缺　酸甜苦辣
2. 重视　　　在乎　　　看重　　　忽视　　　在意

3. 各付各的账　　各种各样　　各走各的路　　各干各的活　　各管各的事
4. 满脸　　　　　满身　　　　满心　　　　　满口　　　　　满意
5. 尊老爱幼　　　亲仁善邻　　安分守己　　　谦虚谨慎　　　遵纪守法

三、选词填空

　　期待　　　等待

1. 我们都_____着你早日学成回国。
2. 临出国的那段日子里我常想：不知_____我的将是什么样的生活。

　　美满　　　美好

1. 乐观的人总是相信明天会更_____。
2. 老两口身体健康，儿女孝顺，生活得很_____。

　　发现　　　发明

1. 据报纸报道，在福建省_____了南少林遗址。
2. 人类的很多_____都经过了千百次艰苦的实验。

　　彼此　　　互相

1. 小唐和小黄从小一起长大，像亲兄弟一样不分_____。
2. 常言道：尺有所短，寸有所长。所以大家应该_____学习。

　　祝贺　　　祝愿

1. 小王，听说你考上清华大学了，真不简单，_____你!
2. _____大家在新的一年里身体健康，万事如意！

第1课

> 疏远　　遥远

1. 虽然我身在_____的异国他乡，但我的心里总是惦记着故乡的亲人。

2. 十几年前我俩是非常要好的朋友，但后来各自到了不同的城市，来往少了，关系也渐渐_____了。

四、选择下列词语填空

> 一清二楚　一清二白　一干二净　一穷二白

1. 幸亏你提醒，要不我早把这件事忘得_____了。

2. 小李每天都要把账算得_____以后才下班。

3. 我们两人的关系是小葱拌豆腐——_____，没什么不好意思说的。

4. 刚刚经历过十年的战争，这个国家可以说是_____。

五、用指定词语完成句子

1. _____，怎么会对北京那么了解呢？　　（又）

2. 妈，您就放心吧，_____，还照顾不好自己？　　（又）

3. _____，原来他昨天晚上开夜车来着。　　（怪不得）

4. _____，原来他俩早就认识。　　（怪不得）

5. _____，原来这么简单啊。　　（怪不得）

六、根据提示用指定词语改写句子

1. 我以为过年的时候街上的行人比平时多。（反而）

2. 本来想走条近路。(反而)

3. 小周比小郑聪明。(反而)

4. 人们的生活水平提高了。(随着)

5. 科学技术不断发展。(随着)

6. 时间慢慢流逝。(随着)

七、语段练习

1. 用对照的方法进行比较、说明：

汉语中常把相反或相对的事物并举出来进行鲜明的对照，从而更清楚地进行说明。

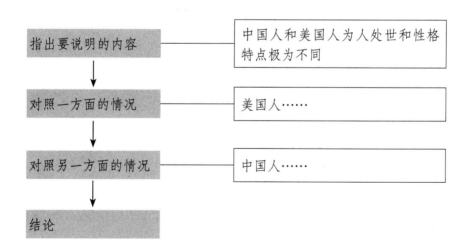

练习：

（1）根据课文内容用对照的方法说明，美国人、中国人如何谈钱。

（2）用对照的方法解释不同文化背景的人在行为方式上的不同。

（3）试说明老人和年轻人生活观念上的差异。

2. 从主次两个角度说明：

在汉语中，当说明或表述原因、方法、目的时，有时会从主要和次要这两个角度进行，一般会有明显的标志。

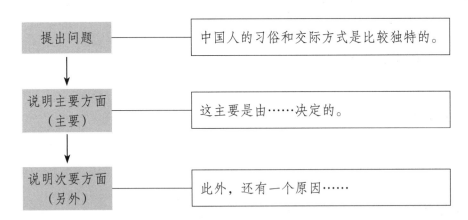

说明和表述时还可以加入具体内容。

练习：

（1）完成下列语段：

①他这次感冒不是偶然的。

主要的原因是……

此外，＿＿＿＿＿＿＿＿＿＿。

②＿＿＿＿＿＿＿＿＿＿。

主要是他和女朋友分手了。

另外，＿＿＿＿＿＿＿＿＿＿。

（2）用上述方法并加入一些具体内容说明目的和方法：

①这次他是怀着远大的抱负去海南的。

②苏珊的成绩提高得快当然有秘诀了。

第 2 课　父母与子女

人生百态

1　可怜天下父母心

　　古代有这样一个传说，在很久以前，有一个年轻人得了一种怪病，什么药都吃过了，什么大夫都找了[1]，怎么也治不好。有一天，一个大夫告诉他："怎样才能把你的病治好呢？唯一的办法就是找来一颗心，用这颗心来做药，你的病就一定会好！"

　　于是这个年轻人回家把这话跟他妈妈说了，他妈妈二话没说[2]，立刻就把自己的心掏出来，给了孩子。这孩子只想着治自己的病，抱着这颗心，转身就往大夫那儿跑。

由于天黑，路上不好走，他不小心摔了一个跟头，把心掉在地上了。这时候，那颗心说话了："孩子，你摔疼了吗？"

思考题：读了这个故事以后，请你分析说明一下母亲与孩子之间的亲情关系。

2 理解孩子

人与人之间，尤其[3]是父母与子女之间，沟通是很重要的，应该互相理解。

我曾经听一位母亲讲过她的经历。有一次，她得了喉炎，嗓子哑了。她从医院回到家，正碰上儿子从外面进来，说："妈妈，老师批评我了。"然后就开始说事情的经过，说来说去都是老师不对[4]。当时这位母亲特别想批评儿子："你错了，老师是对的。"可是，因为嗓子哑了说不出话，她只能瞪着眼睛，看着儿子。过了很长时间，儿子终于说完了，可突然又加了一句："妈妈，谢谢您！"她当时一愣，不知道儿子是什么意思。儿子又说："谢谢您，今天听我说了这么多的话。"

第二天，儿子又对妈妈说："妈妈，您昨天虽然什么都没说，但是我已经明白了，我错怪了老师。我今天已经向老师道歉了。"

思考题：1. 假如母亲嗓子没有哑，事情的结局会怎样？
2. 从母亲的角度叙述这段经历。

实话实说

父母与子女之间如何相处

母亲（一）：中国有句古话：不孝有三，无后为大。现在无后已经不再是不孝了，关键是我们有了后代以后，他们能不能孝敬老人，又是怎么样孝敬老人的；当我们七老八十走不动路的时候，或者卧病在床的时候，我们的子女能不能照顾我们。

父亲（一）：我也听说过一句古话叫"养儿防老"。不过我个人的观点是对子女不要强求，也不要过多地去依赖，我们有自己的生活，我们应该自己安排自己的生活。

孩子（一）：孝敬老人大体应该有三方面：一方面是物质上的体现；另一方面是生活上的照顾；还有一方面是精神上的慰藉。随着社会的发展，子女在物质上的责任越来越弱了。但是生活上随着我国独生子女家庭的增多，可能矛盾会越来越尖锐。

母亲（二）：我们年纪大的人，希望孩子在精神上多关心我们，理解我们。有一年大年初一，我的孩子回来了，在我这儿住了一宿。我们俩就一直聊天，聊得挺开心。我聊的都是家长里短，他也陪着我聊，挺融洽的。我很少跟儿子这么聊，所以特别高兴。过了几天不知谈起什么问题了，我说："你看，那天咱俩谈得多好啊！"他说话了："老妈啊，您知道我那天付出多大的代价吗？"我想这可能就是所谓的代沟吧。

孩子（一）：在这方面，我认为子女应该多理解老人，老人从孩子到成年，又从成年到老年，从弱到强又从强到弱，在这个过程中，他返老还童了，又像小孩子一样变成弱者了。但他毕竟[5]当过强者，所以心里还留恋那种"强"，心理挺复杂的，我们当儿女的应该理解他们、孝顺他们。

孩子（二）：我不同意。孝敬和孝顺应该分开。应该提倡孝敬而不应该提倡孝顺。如果让子女完全孝顺父母的话，我们的社会就不会发展。社会要发展，对老人一定要孝敬，对子女一定要养育，不仅仅是养育，还要教育。如果你的一言一行[6]都表现出自己对长辈的孝敬，我相信你的子女也会孝敬你的。

父亲（二）：父母对孩子的教育方式很重要。父母对子女的爱有各种各样的表达方式，有的说"打是亲，骂是爱"，严格是爱的一种表现。另外一种呢，是唠唠叨叨的，这也是一种爱，这种爱让孩子反感。还有一种是溺爱，时间长了，这样的孩子说也说不得，管也管不得[7]，听不进父母的话了。过度的保护会影响父母和子女的关系。

孩子（三）：我今年十六岁了，可我父母还总把我当作小孩子。他们总说"你必须怎么样"和"你不能……"，还总说："要是有一天我们不在了，看你怎么办！[8]"烦死了！我觉得我做事有自己的原则，为什么非要听他们的？他们一点儿也不理解我。而且他们也不像我以前想象的那样，他们也有很多缺点。

孩子（二）：我想你现在是处在一个青春期的反叛阶段，没有能力去理解父母，也没有能力去正确分析父母。对父母期望过高，遇到什么问题，总说父母应该知道。你应该多和父母沟通。父母与子女之间，沟通是非常重要的。

父亲（一）：沟通交流也应该注意方式方法。应该平等地与孩子交谈，不能居高临下。我儿子有一句话："你们是人，我也是人，为什么我就偏偏得听你们的呢?"我儿子上初二的时候,有一次认真地对我说:"我现在就想在女孩子面前表现得特别好,可越这么想就越紧张,就越显得笨。"他还告诉我他对一个女孩子有好感。我没有像有的家长那样批评孩子,而是告诉他:"你这种想法很正常,但是你既然想要一个女孩子喜欢你,就要在各方面做得出色点儿。因为没有一个女孩子会喜欢一个在各方面都毫不出色的男孩儿。"从此以后,儿子很信任我,什么话都跟我说。

母亲(一): 看来跟孩子相处也挺有学问,以后我也要注意方式,多和孩子沟通。

思考题: 1. 子女应该如何孝敬父母?
2. 父母应该怎样对待孩子?

专家观点

两代人之间相互理解,历来就是一件困难的事情。这不仅因为两代人之间存在着年龄差别,而且时代的发展,也使他们具有不同的价值观念、道德观念。这种分歧加大了他们之间的代沟。

但尽管如此,受天性驱使,人们仍然在苦心寻找着沟通的桥梁。沟通需要用嘴去说,沟通也要用耳去听。倾听有时候是最好的沟通。两代人的沟通,最主要的是理解,而理解最重要的是设身处地地站在对方的角度想问题。

父母应该多理解孩子,孩子也要去了解父母,特别是年老的父母。当他们年老体弱的时候,更需要孩子们的尊重、礼让、扶助、忍耐。孝敬老人是中华民族的传统美德,也是每一个子女应尽的义务。我们每个人都会老,从这个意义上说,孝敬老人就等于孝敬我们自己。

如果每一个家庭都能尊老爱幼,注意沟通,那么,我们的社会就能家家和和美美,户户尽享天伦之乐,人与人之间充满关心和爱意。

生词

1	沟通	gōutōng	动	to communicate
2	喉	hóu	名	throat
3	错怪	cuòguài	动	to blame somebody wrongly
4	关键	guānjiàn	名	main point
5	养儿防老	yǎng ér fáng lǎo		to raise children to assure one's old age
6	依赖	yīlài	动	to depend on
7	大体	dàtǐ	副	roughly
8	慰藉	wèijiè	动	to comfort
9	尖锐	jiānruì	形	intense
10	家长里短	jiā cháng lǐ duǎn		domestic trivia
11	融洽	róngqià	形	harmonious
12	代价	dàijià	名	price, cost
13	代沟	dàigōu	名	generation gap
14	返老还童	fǎn lǎo huán tóng		to feel rejuvenated
15	唠叨	láodao	动	to chatter
16	反感	fǎngǎn	形	disgusted with
17	溺爱	nì'ài	动	to spoil (a child)
18	原则	yuánzé	名	principle
19	反叛	fǎnpàn	动	to rebel
20	居高临下	jū gāo lín xià		to occupy a commanding position, to take on a condescending air
21	分歧	fēnqí	名	difference, divergence
22	驱使	qūshǐ	动	to prompt
23	苦心	kǔxīn	副	with great pains
24	倾听	qīngtīng	动	to listen attentively to

25	设身处地	shè shēn chǔ dì		to be considerate
26	礼让	lǐràng	动	to give precedence to somebody out of courtesy
27	扶助	fúzhù	动	to help, to support
28	忍耐	rěnnài	动	to restrain oneself
29	天伦之乐	tiān lún zhī lè		family happiness

注释

1 什么药都吃过了，什么大夫都找了，……

"什么+名词+都……，什么+名词+都……"，常见的口语格式，意思是"所有的……都……"。

（1）"什么"用在句首表任指，意思是每一个、所有的。例：
① 什么药都吃了，什么大夫都找了，病也治不好。
② 什么地方都去了，什么人都问了，就是找不到他。

（2）"什么"前可有主语，两句的"什么"常代指同一事物。例：
① 我什么话都说了，他什么都不听。
② 大家什么办法都想了，可什么对他都没用。

2 二话没说/二话不说

意思是马上、立刻，什么话都没说就开始做某事。

3 尤其

副词。表示在全体中或与其他事物比较时特别突出，或更进一步。常同"是"连用，表示强调。一般用于句子后一部分。只作状语。例：
① 我喜欢音乐，尤其喜欢古典音乐。

② 大家的建议都不错，尤其是老张的办法更加可行。
③ 这些书都挺好，这一本书尤其好。

"特别"与"尤其"

都有副词的用法，表强调。区别：

（1）"特别"是形容词兼副词，可作状语、定语、谓语。"尤其"是副词，不能作定语、谓语。例：

① 苏州小吃有特别的风味。（尤其 ×）
② 他说话的声音很特别。（尤其 ×）

（2）"特别"还有"特地""着重""非常"等意思，"尤其"没有。"尤其"常含有比较的意思。如果原句无比较意思，可用"特别"。例：

① 这份礼物是特别为他准备的。（尤其 ×）
② 他特别强调了这项工作的重要性。（尤其 ×）
③ 这套书特别吸引人。
④ 这些书都不错，这套书尤其吸引人。

4 说来说去都是（就是）……

"来"和"去"前为同一个动词或近义动词，表示动作多次重复，结果一样。例：

① 说来说去，都是我不好。
② 你们干来干去，就是干不出成绩。
③ 昨天晚上我翻来覆去的，就是睡不着。

5 毕竟

副词。用在句首或句中，表示对某一状况的确认。相当于"到底""究竟"。表示某一情况最后还是发生了、出现了，相当于"终于"。不能用在疑问句中。例：

① 乌云毕竟遮不住太阳。
② 毕竟年纪太小，他没做成那件事。

"毕竟"与"究竟"

（1）在非疑问句中表示强调、肯定的语气时可换用。例：

毕竟（究竟）年纪太小，他没做成那件事。

（2）区别：

a．"毕竟"有"终于"的意思，"究竟"没有。例：

经过几十年的努力，他毕竟成功了。（究竟 ×）

b．"究竟"有追根到底、表示原委和结果的意思，"毕竟"没有。例：

你究竟去不去？（毕竟 ×）

c．"毕竟"只能作副词，作状语，不能用于疑问句。"究竟"可用作副词作状语，也可用作名词充当宾语。例：

① 他俩究竟谁正确？

② 这个问题你究竟回答不回答？

③ 大家想去问个究竟。

6　一言一行

"一……一……"是汉语中的一个固定格式。

（1）插入两个同类的名词，或表示整个或表示数量极少：一心一意、一生一世、一针一线、一言一行。

（2）插入不同类的名词，或表明前后事物的对比，或表示事物的关系：一头一尾、一本一利。

（3）插入同类动词，表示动作是连续的：一歪一扭、一瘸一拐。

（4）插入相对的动词，表示两个动作协调配合或交替进行：一唱一和、一问一答、一起一落、一张一弛。

（5）插入相反的方位词、形容词，表示相反的方位或情况：一上一下、一长一短、一前一后。

7　说也说不得，管也管不得，……

"A＋也＋A＋不得，B＋也＋B＋不得……"，意思是"既不能A，也不能B"。A与B之间可以是同类动词中意思相近的词，也可以是意思相反的动词。例：

① 这样的孩子说也说不得，管也管不得。
② 这件事让我哭也哭不得，笑也笑不得。
③ 走也走不得，留也留不得，真是难受。

8 要是……，看你怎么……

常见的口语格式。"要是"后面是假设条件，"看你怎么……"以反问句的形式说明结果。例：

① 要是有一天我们不在了，看你怎么办！
② 你要是把咱们的公司搞坏了，看你怎么向大家交代！
③ 你要是两手空空回家，看你怎么见你的父母！

练习

一、把你认为合适的搭配用线连起来

融洽的	爱意
尖锐的	关系
孝敬	矛盾
反叛的	阶段
传统	沟通
注意	美德
充满	老人
苦心	他人
依赖	代价
付出	寻找

二、下列每组词语中,有一个与其他几个不同,请把它找出来

1. 交流　　沟通　　理解　　通过
2. 误解　　误会　　奇怪　　错怪
3. 孝敬　　孝顺　　顺从　　顺利
4. 溺爱　　宠爱　　喜爱　　爱好

三、选词填空

1. 下课的时候,老师_____让我留了下来。(特别/尤其)
2. 这个节目_____吸引观众。(特别/尤其)
3. 离开家一个人到外国学习,我觉得生活上没了_____。(依赖/依靠)
4. 虽然我们经过了几十次试验,但_____成功了。(毕竟/究竟)
5. 生活在这个社会上,大家应该_____老幼,互相尊重。(扶助/搀扶)

四、请选择下列词语填空

> 二话没(不)说　七老八十　慰藉　家长里短　返老还童　留恋
> 居高临下　驱使　天性　设身处地　忍耐　天伦之乐　和和美美

老张家最热闹的时候要数星期天了。儿子、女儿、孙子、孙女都回来了,一家人_____的。儿媳妇和女儿一进门,_____就进了厨房。女婿陪着丈母娘_____地聊着,还挺热闹。爱玩儿是孩子们的_____。这不,小孙子已经钻到桌子底下去了。老张在这种热闹气氛的_____下,也_____了。_____的人了,也跟孩子们玩起了捉迷藏。_____,他早就发现小孙子藏在哪儿了,可故意不说。看,三岁的孩子_____不下去了,自己蹦出来了。

享受＿＿＿＿＿是老年人最幸福的事，年轻人应该＿＿＿＿＿地为他们想想，多给他们一些精神上的＿＿＿＿＿。

天黑了，孩子们都回自己的小家去了，留给了老张夫妇俩一个值得＿＿＿＿＿的星期天。

五、用本课学过的词语或格式改写句子

1. 听了售货员的介绍，他立刻买了那个牌子的洗衣机。（二话没说）

2. 要注意饮食卫生，特别是瓜果生吃的时候，一定要洗干净。（尤其）

3. 学外语和学母语到底是不一样，他这次考得不好。（毕竟）

4. 他的每个动作每句话都表现出他是爱你的。（一言一行）

5. 跟别人有了矛盾的时候，应该站在对方的角度想问题，问题就容易解决了。（设身处地）

6. 我把所有的书都翻遍了，所有的词典都查过了，也没找到他说的那个词。（什么……都……，什么……都……）

六、用指定格式完成句子

1. ＿＿＿＿＿＿＿＿＿＿＿＿＿＿＿，＿＿＿＿＿＿＿＿＿＿＿＿＿＿＿，他的病也没治好。（什么……都……，什么……都……）

2. ＿＿＿＿＿＿＿＿＿＿＿＿＿＿＿，＿＿＿＿＿＿＿＿＿＿＿＿＿＿＿，那我也没办法了。（主语+什么……都……，主语+什么……都……）

3. 这样的会以后别开了，_____，解决不了什么具体问题。　　　　　　　　　　　　（V 来 V 去，都是……）

4. 这封信没有署名，_____，不会是别人。
　　　　　　　　　　　　　　　　　（V 来 V 去，就是……）

5. 他的病很重，夜里疼得_____，真可怜。
　　　　　　　　　　　　　　　　　（A 也 A 不得，B 也 B 不得）

七、语段练习

1. 汉语中说明一个观点的时候有时采取先总后分的方法，先概括说明，再分层细说：

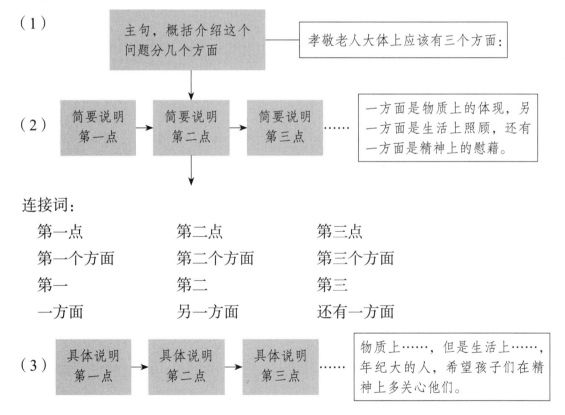

第二层面各部分之间是并列关系，第三层面各部分也是并列关系。

练习：

（1）以先总后分的方式说明父母爱孩子的几种不同方式。

（2）以先总后分的方式介绍去外地旅行应该注意的事情。

（3）假如你是一个公司的老板，要与另一个公司洽谈一笔生意，请你以先总后分的方式拟订一个谈判计划。

2. 用"特别（是）……"强调说明：

在汉语中，进行一般或总体说明时，常用"特别（是）……"强调说明其中的一部分，然后说明原因或其他情况。

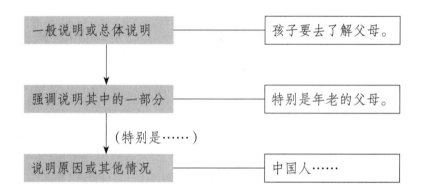

练习：

（1）用上述方法说明自己的爱好、想法等。

（2）用上述方法说明掌握外语的重要性。

第3课 让孩子吃苦

人生百态

吃苦夏令营

前年夏天，上海许多望子成龙的家长们都关注着一个热点：吃苦夏令营。举办这次夏令营的目的十分简单，就是要让孩子们学会吃苦。家长花钱为孩子买苦吃，当时这在上海乃至全国都可以算是一条新闻了。

夏令营由61名中小学生组成。孩子们经受的第一个考验是坐火车。16个小时的火车硬座，把他们出发时的新奇感摇晃得无影无踪[1]。紧接着是坐大客车，七八个小时的颠簸，着实给这群娇生惯养的"小皇帝[2]"们来了个下马威[3]。随后是或远或近[4]的拉练。最长的一次拉练是营员们冒着大雨,在泥泞的路上走了足足一个小时。他们还要克服的另一大困难就是做饭。这些在家问都不问[5]的事情,现在再累也不得不自己去做。

说起举办这次活动的动机,主办人说,最重要的是想引起社会的重视,也就是说人们要给独生子女补上吃苦这一课。

然而到了今年,一度十分火爆的"吃苦夏令营",却在上海受到了冷落。一些家长开始重新思考"如何让孩子吃苦"。不少家长发现,吃过苦的孩子回到优越的生活环境中好不了几天,就又恢复了原样,仅仅靠短短几天的艰苦生活或一次远距离的拉练,很难从根本上解决孩子身上的问题。那么,我们到底该怎么让孩子"吃苦"呢?

思考题:请试着向别人介绍一下吃苦夏令营。

实话实说

专家与家长的对话

"吃苦夏令营"被新闻媒体报道以后,在社会上引起了广泛反响。支持者众多,反对者也不少。那么在生活水平日益提高的今天,有没有必要让孩子吃苦?让他吃苦的目的是什么?在某校召开的一次家长座谈会上,儿童教育专家孙老师就这些问题与家长们进行了讨论。

家长(一):孙老师,看了"吃苦夏令营"的报道后,我一直在想一个问题:我们这一代人当年都吃过不少苦,那是不得已。现在条件好了,孩子可以过得舒适些,为什么我们还要有意让他们吃苦呢?我是不忍心这样做的。

孙 老 师:您的想法很有代表性。家长与孩子之间的亲情使许多家长舍不得让孩子吃苦,家务事都是家长大包大揽[6]。其实家长也都知道让孩子吃一点苦有好处。吃苦并不是目的,也不只是单纯训练一些劳动技能,重要的是培养一种责任心,一种适应社会的能力,这对他将来走向社会是非常有帮助的。如果不从小吃点苦,将来这也不会,那也不行,可就要吃大苦了[7]。

家长(二):话是这么说,可有时候实际情况又不是这样。[8]我有这样一家邻居:父母都是工人,儿子今年21岁了。那两口子对孩子可真是溺爱。小时候,有一次妈妈让儿子递一盒火柴,儿子居然说拿不动。妈妈虽然生气,可也没把儿子怎么样[9]。按您刚才说的,这孩子长大后会吃大苦的,可人家现在过得挺好,孝顺父母,工作出色,这是怎么回事呢?

孙 老 师:我想有两方面原因:一个是他父母可能已经在自己的一言一行中向他灌输了吃苦的思想,给儿子做了榜样,儿子不知不觉受到了教育,渐渐学会了吃苦;另一个是他毕竟只有21岁,运气好,还没遇到什么挫折,以后怎么样还很难说。

家长（三）：孙老师，我同意让孩子吃点苦，也想让他得到多方面的锻炼，可现在的孩子学习负担太重了，再让他干别的事，他哪受得了呢？

孙 老 师：如果因为孩子学习压力大就不让他参加其他方面的活动和锻炼，那是非常危险的。现在学习、就业的竞争相当激烈，不少人可能会成为竞争的失败者。到那时他如果没有比较强的心理承受能力，除了念书也不会干别的事，那可就失败到家了。

家长（四）：我相信将来我们国家会变得更好，那时候还有多少苦可吃呢？

孙 老 师：将来，人们要经受的挫折和磨炼可能比今天要大得多。生活节奏更快，压力更大，人际关系也更复杂，更需要合作精神，你老想让别人照顾你，是根本不可能的。

家长（五）：我们今天讲的让孩子吃苦的问题是不是在我国才有意义，因为我们都是只有一个孩子，有意无意[10]地会溺爱一些。在别的国家恐怕没这个问题吧？

孙 老 师：据我了解，这是世界性话题。1972年，联合国教科文组织专门发表了一个长篇报告，主题就是学会生存。现在世界各国都在为此采取行动。比方说德国，可能大家听了会不相信——德国人居然把中小学生做家务写进法律，不参加家务劳动是违法行为，而且对几岁孩子该做什么家务规定得非常具体。相反倒是我国在这方面还不够重视。今天请各位家长来交换看法，就是想使学校和家庭取得比较一致的意见，为教育好孩子共同努力。

讨论题：1. 概括一下家长们对让孩子吃苦的两种看法。
2. 你认为有必要让孩子吃苦吗？为什么？

专家观点

人生在世，什么是苦？什么是乐？本来是没有一定标准的。但人也和任何生物一样，有避苦趋乐的本能。所以违背本性的感受必然是苦，适应本性的感受必然是乐，这是没有什么疑问的。

这样看来，自觉地违背自身的生物属性，吃苦受罪，是人觉悟的标志。人有理性，有理想，有超过其他生物的远见和总结经验的能力。因而民间的谚语说：要得小儿安，必带三分饥与寒[11]；因而古人相信：吃得苦中苦，方为人上人[12]。人愿意吃苦，是因为世代的经验告诉我们：苦中肯定有乐，先苦而必然后甜。

生词

1	望子成龙	wàng zǐ chéng lóng		to hope one's children will have a bright future
2	乃至	nǎizhì	副	and even
3	经受	jīngshòu	动	to experience
4	考验	kǎoyàn	名/动	trial; to test
5	无影无踪	wú yǐng wú zōng		to totally disappear
6	颠簸	diānbǒ	动	to bump
7	着实	zhuóshí	副	really
8	娇生惯养	jiāo shēng guàn yǎng		to be spoilt by one's parents
9	拉练	lāliàn	动	to have a paramilitary training
10	泥泞	nínìng	形	muddy
11	动机	dòngjī	名	motive
12	火爆	huǒbào	形	exuberant

13	日益	rìyì	副	increasingly
14	大包大揽	dà bāo dà lǎn		to be very attentive to
15	灌输	guànshū	动	to inculcate
16	挫折	cuòzhé	名	setback
17	就业	jiù yè		to obtain employment
18	承受	chéngshòu	动	to endure
19	磨炼	móliàn	动	to temper oneself
20	避苦趋乐	bì kǔ qū lè		tendency to avoid the problems and live a happy life
21	本能	běnnéng	名	instinct
22	违背	wéibèi	动	to be contrary to
23	属性	shǔxìng	名	attribution
24	觉悟	juéwù	动/名	to come to understand; consciousness
25	标志	biāozhì	名/动	symbol; to mark
26	远见	yuǎnjiàn	名	foresight
27	谚语	yànyǔ	名	proverb

注释

1 无……无……

一般插入两个意义相似或相关的单音节词或语素,强调"没有"。作定语、状语、谓语、补语。例:

① 无休无止　无声无息　无缘无故　无法无天　无穷无尽

② 眨眼的工夫,兔子便跑得无影无踪了。

③ 刚到北京来打工的时候,小沈无依无靠,什么事都得自己决定。

2 小皇帝

专指被娇惯的儿童。他们常常很娇气,私心重,不爱劳动,生活自理能力差。

3 下马威

原来指官吏刚到任时对下属显示威力,后来指一开始就向对方显示威力。例:
① 新经理一上任就让大家加班,给全体员工来了个下马威。
② A队开赛五分钟就攻进一个球,给对方来了个下马威。

4 或……或……

连词"或"连用构成的"或……或……"格式,有以下两种意思:
(1) 表示两种或两种以上情况同时存在。有"有的……有的……"的意思:例:
① 候车室里,人们或看报纸,或小声谈话,秩序良好。
(2) 表示有时是一种情况,有时是另一种情况。例:
② 冬夜,坐在温暖的房间里,边看书边喝着或浓或淡的茶,真是一种享受。
③ 每年元旦联欢会上小宋或唱一段京剧,或朗诵一首诗,总是很受欢迎。

5 问都不问

是"连问都不问"的省略形式。"连……都……"强调程度深,表明说话人认为要强调的人或事不该这样;或这个已经是这样,别的就更不用说了。如果"连"和"都"之间是单音节动词,那么"都"后面一般要用这个动词的否定形式。例:
① 这个问题我想都没想过。
② 小狗躺在那儿(连)动都不动,会不会死了?

6 大……大……

分别放入意义相关的两个单音节名词、动词或形容词,表示程度深或规模大,常作谓语、状语等。例:
① 大吃大喝　大红大绿　大模大样

② 由于生活条件优越，她花起钱来大手大脚。

③ 邻居都休息了，咱们别大吵大闹的了。

7 这（那）也不……，那（这）也不……

用该格式概括"全部都不……"。例：

① 这也不行，那也不行，怎么样才行呢？

② 那也不让干，这也不让干，我闲待着难受死了！

8 话（说）是这么说，可（可是）……

认为对方的话虽有道理，但实现不了。例：

① A：对有突出贡献的人，要给予重奖！

　B：话是这么说，可哪来的钱呢？

② A：考试前要休息好，不要开夜车。

　B：话是这么说，可不开夜车怎么复习得完呢？

9 把……怎么样

对某人采取不好的行动。例：

① 不让我去我偏去，看你能把我怎么样！

② 虽然警察怀疑他是凶手，但没有证据，所以也不能把他怎么样。

10 有……无……

常见用法如下：

（1）表示好像有又好像没有，如"有意无意""有心无心"等。在句中一般作状语。例：

① 小时候常听爸爸唱京剧，有意无意地就学会了几句。

② 小王刚才只是有心无心地说了他两句，谁知他真生气了。

（2）表示只有前者而没有后者。例：

③ 有些口语中的词是有音无字的。

④ 在咱们村修路是有益无害的事，希望大家多支持。

（3）表示在任何情况下都是如此，有"有……也好，没有……也好"的意思，多放入两个相同的名词。"无"多换成"没"。例：

⑤ 小刘很喜欢隔壁的姑娘，有事没事的总会去她的房间坐坐。

⑥ 只要身体好，有钱没钱无所谓。

11 要得小儿安，必带三分饥与寒。

俗语：要想让孩子平安，不能给他吃得太饱，穿得太暖，受点饿、带点冷是必要的。

12 吃得苦中苦，方为人上人。

俗语，意思是只有吃大苦，才能成就大事业，成为出众的人。

练习

一、画线连词

举办	忘怀	训练	行动
经受	提高	遇到	复杂
克服	活动	参加	看法
难以	重视	交换	挫折
引起	考验	采取	技能
日益	困难	关系	锻炼

二、下列每组词语中，有一个与其他几个不同，请把它找出来

1. 热点   难点   快点   重点   焦点

2. 问起　　　说起　　　拿起　　　提起　　　想起
3. 亲情　　　心情　　　友情　　　爱情　　　师生情
4. 孝顺　　　溺爱　　　孝敬　　　尊敬　　　敬重

三、选词填空

┌──────────────┐
│ 着实　　实在 │
└──────────────┘

1. 这件事不太好办，我_____有点儿为难。

2. 那天我正在路上走着，突然一辆汽车从我身旁飞快地开过去，_____吓了我一跳。

┌──────────────┐
│ 广泛　　广阔 │
└──────────────┘

1. 这台晚会赢得了各界观众的____好评。

2. _____的草原一望无际。

┌──────────────┐
│ 舒适　　舒服 │
└──────────────┘

1. 现在的孩子一直生活在_____的环境里，哪吃过什么苦啊！

2. 这几天特忙，没睡好觉，今天晚上总算可以_____地睡上一觉了。

┌──────────────┐
│ 培养　　培训 │
└──────────────┘

1. 每个父母都想把自己的孩子_____成对社会有用的人。

2. 为提高员工素质，公司对新员工进行了两个星期的_____。

┌──────────────┐
│ 适应　　适合 │
└──────────────┘

1. 我性格内向，不太_____做这种工作。

2. 刚到那里工作的时候，小何觉得很不_____，几次想辞职。

| 溺爱　　喜爱 |

1. _____对孩子的成长没有什么好处。

2. 这是我最_____的一首乐曲，可以说是百听不厌。

| 激烈　　热烈 |

1. 演员精彩的表演赢得了观众_____的掌声。

2. 双方队员_____的比赛使球迷大饱眼福。

| 采取　　采用 |

1. 我们公司由于_____了新技术，产品质量大大地提高了。

2. 政府应该_____有效措施制止环境污染。

四、根据句子的意思在横线上填入恰当的词或语素

1. 小李不可能无缘无_____地不高兴，一定是遇到什么烦恼的事了。

2. 雪花无_____无息地飘落着。

3. 这样无休无_____地争论对解决问题没什么帮助。

4. 唉，这几年身体一年不如一年，身上的病有增无_____。

5. 这孩子啊，干什么事都不能坚持，有始无_____的，所以没有一样能学好。

6. 两人第一次见面都对对方产生了好感，就有_____无_____地表露了出来。

7. 以前过春节，大家聚在一起常常是大吃大_____，现在这种现象越来越少了。

8. 人们的服装是随着观念的变化而变化的，现在老年人穿大红大_____的并不少见。

9. 结婚是两个人的事，我们不想大操大_____。

五、完成句子

1. A：电视还是大一点儿的看着舒服。
   B：话是这么说，可_____。

2. A：_____。
   B：话是这么说，可现在的孩子哪有那么多苦可吃呢？

3. A：广告能促进社会经济的发展。
   B：说是这么说，但_____。

4. 这孩子小时候被爷爷奶奶惯得没个样子，我的话他_____，更不用说照着去做了。　　（连……都……）

5. 小家伙_____，哪会跑呢？　　（连……都……）

6. 说起小赵的爱人呀，我_____，哪谈得上了解呢？
   　　（连……都……）

7. 小宋看起来挺能干，可真正干起活来，这也_____，那也_____，所以在哪个单位都干不长。

8. 小王可是个有名的马大哈，整天这也_____，那也_____，真让人没办法。

9. 我这孩子太挑食了，这也_____，那也_____，长得跟豆芽菜一样。

六、语段练习

1. 用引用的方法说明观点：

为了使自己的说明更具有说服力，我们在说话时常常引用常见的谚语、俗语、典故、名人名言等来表达自己的观点。一般的说话次序为：

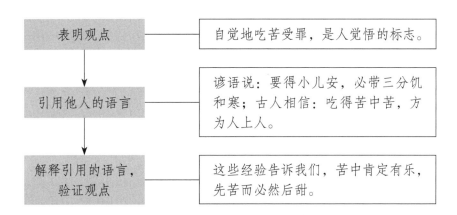

练习（引用以下谚语、俗语、名人名言说明某个观点）：

（1）一寸光阴一寸金。

（2）百闻不如一见。

（3）三人行，必有我师焉。

2. 描述接连发生的事件：

为了准确地描述在短时间里发生的一系列事件，或者为了强调几个事件在时间上的连接性，我们在说话时常使用明显的语言标志。

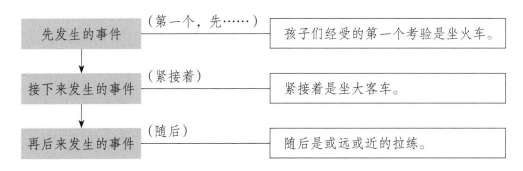

练习：

用上述方法描述你生活中的一次经历。

第4课 拾金不昧要不要回报

人生百态

失而复得的手机

[背景] 这是北京一个普通的三口之家。丈夫在大学任教，妻子是一家报社的编辑，儿子快高中毕业了。

星期六的晚上，一家人正在各有分工地准备晚饭。儿子随手打开了电视机，电视机里传来主持人亲切悦耳的声音：

各位观众朋友，欢迎您收看《京城百姓》节目。今天我要给您讲述一个发生在北京的真实故事：

2月的一个傍晚，华灯初上。王先生步履轻快地从一家公司走出来，抬手招了辆出租车，直奔北京站。他要去接一位大学时的好友。快过春节了，街上车水马龙，似乎比平时更拥挤。出租车走走停停，速度很慢。王先生不时[1]看看手表，再看看停在前边的一溜儿车，心里又着急又无奈。眼看火车进站的时间就要到了，而王先生离北京站还有好一段距离，无论如何也来不及了。于是他掏出手机，拨通了好友的手机，告诉好友下车后别乱走，在出站口等他，两人不见不散[2]。

出租车终于"挪"到了北京站。王先生付了钱，急忙跳下车向出站口跑去。好友已经在那里东张西望了。寒暄之后，两人边走边谈，来到出租汽车站。王先生下意识地摸了一下自己的口袋，不禁一惊：钱包不见了！一定是刚才匆忙之中落在了车上。这么大的北京，又没记住车号，到哪儿去找那辆出租车呢？钱包里除了一千多块钱，还有好几张卡和身份证。因为自己的马虎就这么丢了，王先生真是又懊恼又心疼。

然而让王先生喜出望外的是，几天之后，那位出租车司机竟然想方设法找到了王先生，把钱包还给了他！为了表示感谢，王先生说什么也要送给那位司机一千元酬金[3]。那位司机在推辞不掉的情况下接受了……

厨房传来噼噼啪啪[4]的炒菜声，主持人的声音变得模糊了，但她讲述的故事却成了这一家三口晚饭后闲聊的话题。

思考题：叙述一下主人公手机失而复得的经过。

实话实说

一家三口的看法

儿子：哎，那出租司机可真不错，主动把钱包还给人家，够难得的。我要是王先生，我也会给他些钱意思意思[5]。

父亲：不对，不对。什么叫"拾金不昧"？就是捡到钱物没有藏起来当成自己的。这是一种高尚的行为。如果你给他回报，那不是小看人家了吗？好像人家是为了你的回报才把东西还给你的。

儿子：拾金不昧当然是高尚行为，可人家为了找到你，花了那么多时间，费了那么多周折，你只说一声"谢谢"就完了？

父亲：你可以给他写封感谢信嘛。

儿子：那只是精神上的，还得有物质上的。"滴水之恩当涌泉相报"[6]，再说[7]你给人家的也只是一部分呀。

父亲：就算失主想表示一下，"拾金"者也不该要[8]。

儿子：为什么不该要？虽然做好事的人可能是因为善良或他受到的道德教育才这么做的，他并不图什么回报，但接受回报也是正当的。善有善报[9]嘛。

父亲：善有善报可不是这么立竿见影的。噢，你捡了我1000块钱，我立刻给你100块，就叫善有善报？人家那是说一个人一辈子不断行善，最终会有好报。

儿子：这只是个时间问题嘛。

母亲：要我说呀，不要回报是高尚的，要回报也是名正言顺的。

儿子：妈妈就会当和事佬[10]，和稀泥[11]。

母亲：不是和稀泥，我有我的道理。不要回报不用说是让人钦佩的，但要回报也没什么不好。他从你的回报中感受到你的感谢和敬意，受到鼓励，以后遇到类似的事就还会这样做。这对整个社会来说不是一件好事吗？

父亲：那失主要是不给回报呢？他以后就不这样做了？你帮别人一把[12]，实际上就是把一颗善良的种子种到别人心里，他就会用同样的善良再去帮助别人，最后形成一个美好的社会。

儿子：爸，你说得太理想化了，在现实生活中做不到。有的人捡到东西连还都不还，你怎么跟他讲善有善报、种善良的种子？

母亲：对。只有善有善报成为普遍现象的时候，才会有你说的那种社会。

父亲：嗬，你们二对一[13]呀。我说不过[14]你们，但我还是坚持我的看法，而且要是我捡到东西，我肯定不要什么回报。

儿子、母亲：当然啦，你得以身作则嘛。

讨论题：1. 分别归纳三个人的看法。
2. 就拾金不昧要不要回报，谈谈你的看法。

专家观点

拾金不昧是中华民族的传统美德，但在现代社会却受到一些冲击。见利忘义的人将财物据为己有；利欲熏心的人借机进行勒索，不管什么道德不道德[15]，只认金钱。但这总还是少数。多数善良的人会把失物奉还给失主，令失主感激万分。虽然拾金不昧者并不期望得到什么，但失主的回报却是对这种无私行为的肯定与赞赏。不接受回报是高尚的，接受回报也无可厚非[16]。毕竟我们的社会还不是一个完美的社会，我们不能要求每个人都有非常高的思想境界。但只要我们努力去做了，我们就有理由相信：明天会更好。

生词

1	拾金不昧	shí jīn bú mèi		to give back what one has found to its owner
2	回报	huíbào	动	to repay
3	悦耳	yuè'ěr	形	sweet-sounding
4	华灯	huádēng	名	(coloured) light
5	步履	bùlǚ	名	step
6	车水马龙	chē shuǐ mǎ lóng		heavy traffic
7	挪	nuó	动	to move slowly
8	东张西望	dōng zhāng xī wàng		to look around

9	寒暄	hánxuān	动	to exchange conventional greetings
10	懊恼	àonǎo	形	annoyed
11	喜出望外	xǐ chū wàng wài		to be pleasantly surprised
12	想方设法	xiǎng fāng shè fǎ		to try every means
13	酬金	chóujīn	名	monetary reward
14	推辞	tuīcí	动	to decline
15	噼啪	pīpā	拟声	sound made by oil when cooking
16	模糊	móhu	形	indistinct
17	小看	xiǎokàn	动	to belittle
18	周折	zhōuzhé	名	a troublesome course of development
19	图	tú	动	to seek
20	正当	zhèngdàng	形	proper
21	立竿见影	lì gān jiàn yǐng		to get instant results
22	行善	xíng shàn		to do good
23	名正言顺	míng zhèng yán shùn		to be perfectly justifiable
24	和稀泥	huò xīní		to try to smooth things over
25	钦佩	qīnpèi	动	to admire
26	类似	lèisì	形	similar
27	以身作则	yǐ shēn zuò zé		to set oneself an example to others
28	见利忘义	jiàn lì wàng yì		to forget all moral principles at the sight of profits
29	利欲熏心	lì yù xūn xīn		to be obsessed with the desire for gain
30	勒索	lèsuǒ	动	to extort
31	无私	wúsī	形	selfless
32	无可厚非	wú kě hòu fēi		to give no cause for much criticism
33	境界	jìngjiè	名	realm

注释

1 不时

副词。经常不断地。例：
① 他一边走，一边不时地四处张望，像是在找什么东西。
② 树林里不时听到鸟的叫声。

2 不见不散

"不……不……"为汉语常用格式。"不"的后面可以各加入一个意义相对或相关的单音节动词，组成条件关系的偏正结构，表示"如果没有前边的条件，就不会有后边的结果"，相当于"如果不……，就不……"格式。所以"不见不散"的意思是"如果不见面，就不离开"，表示一定要见面。人们约定见面时常说。例：
① 今天晚上你一定要来我家吃饺子，我等着你，不见不散。
② 我父母死得早，我得挣钱养活弟妹，不干不行啊。

此外，"不……不……"还有两种常见用法：

（1）"不"的后面各加入意思相同或相近的动词、形容词，意思与"不……"一样，但在语言表达上更生动。例：

不闻不问＝不关心

不慌不忙＝不慌张

不言不语＝不说话

不骄不躁＝不骄躁

（2）"不"的后面各加入一个意思相反的形容词或方位词表示"既不……又不……"，意思是正合适或处于中间状态。例：

不胖不瘦　不早不晚　不高不低　不前不后

3 ……说什么也……

意思为："不管怎样也……"，后面常用能愿动词。例：

① 人家给我帮了那么大忙，我说什么也要请人家吃顿饭吧。
② 小吴跟你关系不错，他生病住院，你说什么也该去看看。

4 噼噼啪啪

拟声词。所谓"拟声词"，是指模仿事物声音的词。例如形容流水声的拟声词"哗啦啦"，形容笑声或水、气挤出的声音"扑哧"，形容水滴落下或钟表摆动的声音"嘀嗒"。

5 意思意思

"意思"，动词，指表示一点心意。例：
① 人家忙了半天，咱得给人家买点东西意思意思。
② 朋友结婚，说什么也得送点礼物意思一下。

6 滴水之恩当涌泉相报

惯用语。接受他人一滴水的恩惠要用一眼泉来报答。比喻受人恩惠后要加倍报答。

7 再说……

连词。用于后一分句的句首，引进补充的理由；后面可以有停顿。例：
① 改天再去吧，现在看红叶还太早，再说星期天人也太多。
② 北京这么大，不知有多少个叫张红的人呢，再说，你又没见过她，到哪儿去找她呢？

8 就算……，……也……

同"即使……，……也……"，表示让步。例：
① 就算他骂你不对，你也不能打人啊。
② 就算我一年不吃不喝，也拿不出这么多钱呀。

9 善有善报

做了善事就会有好的回报。与之相对的说法是：恶有恶报。

10 和事佬

指为了调和矛盾不讲原则、不分是非的人。例：
你们俩吵了架来找我，劝你们吧，你们又说我是和事佬，你们说我怎么办？

11 和稀泥

比喻没有原则地调解矛盾，谁都不得罪。例：
每次我妈和我妻子闹别扭的时候，我就得在中间和稀泥。

12 把

量词。用于手的动作。例：
① 我看他搬那个大箱子挺吃力的，就过去帮了他一把。
② 这台阶太高了，拉我一把。

13 二对一

两个人联合起来对付一个人。

14 ……不过

可能补语。表示由于能力、水平不够而与别人相比处于较弱的位置。相反的说法为"……得过"。例：
① 弟弟毕竟瘦小些，打不过邻居的小胖子，哭着跑回家来。
② 他是学校里有名的"飞毛腿"，我可跑不过他。

15 什么道德不道德，……

"什么A不A（的）"，常用口语格式。A为同一个名词、动词、形容词或短语，表示说话人认为A没什么了不起的，不把它放在眼里，含有强烈的感情色彩。有"不管"的意思。例：

① 什么明星不明星的，还不是跟普通人一样？
② 什么漂亮不漂亮的，只要人好就行。

16 无可厚非

成语。"不能过分责难"的意思。

成语是人们长期以来惯用的、形式简洁而意义精练的固定短语，大多由四个字组成，一般都有出处。成语的特点是意义上一般有双层性。也就是说，除了有字面上（表面上）的意义外，还有一层隐含的意义，而且这层意思是成语的真正意义。

从组成成分之间的关系看，汉语成语主要有以下几种结构类型：

（1）并列结构。多数是前后两部分并列。如：

　　南腔北调　　半斤八两　　颠三倒四　　狼吞虎咽

（2）偏正结构。修饰部分在前，被修饰部分在后。如：

　　汗马功劳　　掌上明珠　　顺手牵羊　　一衣带水

（3）主谓结构。后面的部分说明、陈述前面的部分。如：

　　老马识途　　怒发冲冠　　后生可畏　　胸有成竹

（4）述宾结构。前面的部分是动词或动词性短语，后面的部分是受动词支配的对象。如：

　　挖空心思　　初出茅庐　　平分秋色　　力争上游

（5）紧缩结构。前后两部分有目的性、转折性或因果特殊性关系。如：

　　守株待兔　　不翼而飞　　有眼无珠　　种瓜得瓜

（6）连动结构。表示两个动作一先一后。如：

　　画蛇添足　　开门见山　　见风使舵　　洗耳恭听

练习

一、画线连词

步履　　　　周折

借机　　　　勒索

受到　　　　轻快

费　　　　　回报

图　　　　　鼓励

二、下列每组词语中，有一个与其他几个不同，请把它找出来

1. 车水马龙　　熙熙攘攘　　拥挤不堪　　冷冷清清　　摩肩接踵
2. 眼看　　　　马上　　　　不久　　　　快点　　　　很快
3. 掏　　　　　踢　　　　　拿　　　　　抓　　　　　接
4. 急忙　　　　赶忙　　　　慌忙　　　　帮忙　　　　匆忙
5. 想方设法　　摇头晃脑　　手忙脚乱　　跋山涉水　　刻骨铭心
6. 噼噼啪啪　　哗啦　　　　咔嚓　　　　嗬　　　　　嘀嗒

三、选词填空

1. 这首诗_____了少年儿童渴望了解自然的愿望。（表达 / 表示）

2. 他的要求太过分了，咱们应该_____。（推辞 / 拒绝）

3. 你们的好意我_____，可这礼物太贵重了，我不能要。（接受 / 感受）

4. 小刘拾金不昧的行为得到大家的一致_____。（赞美 / 赞扬）

5. 为_____教师搞科研，学校专门设立了"科研成果奖"。（鼓励 / 奖赏）

6. 在现代社会，一些传统观念受到了_____。（打击 / 冲击）

7. 小明，你知道这道题错在哪儿了吗？以后可别再出现_____的错误了。（类似 / 相似）

8. 乒乓球运动在中国十分_____，男女老少都喜欢。（普遍 / 普通）

四、选择下列词语填空

```
不知不觉    不偷不抢    不言不语    不早不晚
不胖不瘦    不见不散    不醉不休
```

1. 时间过得真快，_____又到了年末。

2. 要我说呀，你_____，减什么肥呀。

3. 扫马路怎么了？我_____，靠自己的劳动挣钱吃饭，有什么丢人的？

4. 来，再喝一杯，咱们多年不见，今天喝它个_____！

5. 每天早上，老李都_____，8点准时到办公室。

6. 明天中午11：30我在老地方等你，_____。

7. 小赵虽然平时_____的挺内向，可一到球场上就像变了个人，生龙活虎的。

五、用指定格式改写句子

```
说什么也……
```

① 儿子出国留学，母亲虽然身体不好，却一定要去机场送儿子。

② 学生有错误老师可以批评，但无论如何也不能打学生呀。

③ 造纸厂已经下了决心,不管困难多大,也要解决污染问题。

④ 地震灾区人民的生活有不少困难,咱们不管怎样也该帮他们一把。

> 什么 A 不 A（的）

① 我才不管它是不是名牌呢,只要质量好就行。

② 你喜欢就拿去好了,钱无所谓。

③ 我们那时候结婚,才不管男女双方满意不满意呢,都是父母说了算。

六、用指定格式完成句子

> 就算……也……

1. _____,做父母的也不会记恨孩子。
2. _____,也不能一下子吃那么多呀,这样很容易生病。
3. 就算你很聪明,也_____。

> ……不过（……得过）

1. A 队有好几位"国脚",我看 B 队恐怕_____。
2. 要论口才,我_____,可要论写作,我比他强。
3. 老陈从年轻的时候就能喝酒,我们几个没有_____的。

> 再说……

1. 今天最高气温才零下 1℃,_____,我看咱们就别出去了,在家休息吧。
2. 今天是老周的生日,_____,咱们要玩个痛快。

七、语段练习

1. 对话时一方不同意另一方的观点，进行反驳并阐明自己的观点：

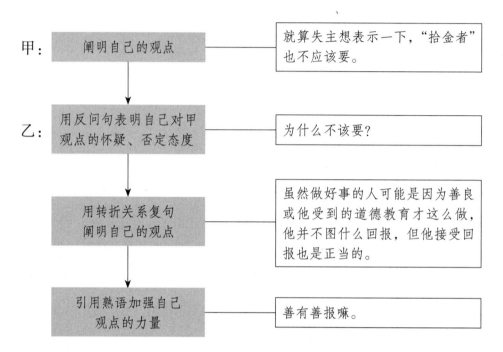

练习（按上述语段框架用指定词语完成对话）：

（1）甲：如果这次试验失败了，我打算放弃这项研究。

乙：为什么……？虽然……但……。我认为……。失败是成功之母。

（2）甲：即使孩子犯了错误，父母也不能打孩子。

乙：谁说……？虽然……，但是……。俗话说"不打不成材"。

2. 在双方观点分歧时进行调解：

在谈话中，两个人常常会出现观点不一、互相争论乃至争吵的情况，第三者从中调解是谈话中常见的。调解时一般对双方观点都做不同程度的肯定，继而做必要的解释。

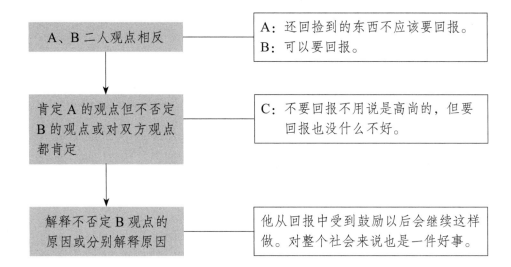

练习：三人一组进行正论、反论及调解练习。

第5课 邻里关系

人生百态

倒垃圾的故事

　　张姐拎着一袋垃圾刚出家门，屋里的电话铃就响了，她"吧嗒"一声把垃圾袋扔在家门口，急忙转过身准备回屋接电话……

李大爷：哎，我说，您等等。

张　姐：怎么啦？

李大爷：您搁的这是什么呀？

张　姐：垃圾呀！

李大爷：哦，垃圾！您把垃圾搁到哪儿了？

张　姐：放我们家门口了。

李大爷：是吗？可您知不知道，您把垃圾搁这儿会招苍蝇、蚊子，苍蝇、蚊子又飞到我们家门口了。我说我怎么有高血压、心脏病呢，就是这么来的啊！[1]

张　姐：这些病是传染得的吗？

李大爷：还有，您看看咱们这楼道这么窄，门挨门，连走路都不方便，您还搁这么多垃圾？我年岁大了，眼神不好，腿脚不灵活，要是走到这儿，"扑通"摔一跟头，摔出个甲肝乙肝来，怎么办？

张　姐：老爷子，您怎么这么不讲理呀？这肝炎是摔跟头摔出来的吗？再说了，我也不是故意的呀！我这不是急着回屋接电话吗？

李大爷：您把垃圾搁这儿不是一次两次啦，少说也有七八次了[2]。您是没问题，说走就去上班了，您一走，这味儿可都让我们闻了。

张　姐：李大爷，今天这事儿我不是故意的啊，您别这样不依不饶的，您可以告我去呀，上居委会，上区政府，去告去！

李大爷：好你个丫头[3]，你等着！

一小袋垃圾引起了一个大误会，但更大的麻烦还在后头呢。[4]张姐一转脸刚要进屋门，"咣当"一声，风把屋门给关上了，钥匙没带，屋里的桌子上还插着电熨斗呢。家里的阳台跟李大爷家的阳台通着，倒是能从他家的阳台上过去，可刚跟老爷子吵完架，转脸再去求人家……

李大爷：门撞上了？

张　姐：嗯。

李大爷：又没带钥匙吧？

张　姐：是啊。

李大爷：来吧，从我们家阳台过去吧。

思考题：1. 分析一下李大爷的性格。
2. 以恰当的语气表演这个故事。

实话实说

从大杂院到单元楼

记　者：陆先生，您是否住过大杂院？

陆先生：以前住过。现在我住的是楼房。

记　者：许多人都留恋大杂院里的那种人情味，您是否也有同感？

陆先生：住大杂院的感受我认为应该从正反两个方面来说。从好的方面说呢，大杂院中的邻居们互相有一种责任感，彼此能在日常生活中互相帮助，让人感到温暖；从不好的方面说呢，住在大杂院中你会觉得有关不上门的感觉。

记　者：能具体说说您的感受吗？

陆先生：我12岁到北京就住进了大杂院，一住就是十几年。院里十几户人家熟极了，有时我放学回家进不了家门，顺手就开门进了邻居家，生活显得很温暖。我印象中比较深的一件事是有一年冬天，我听见邻居家中有人哼哼，拉开门一看，原来是房主人煤气中毒，我赶紧喊人抬他往医院送。出院后，他到处对人说，要是晚20

分钟送医院，就完了。

记　者：您说的"关不上门的感觉"是指……

陆先生：在大杂院生活也有不方便的时候。我结婚以后，还住在大杂院。因为当时住的房子结构非常不好，不隔音，隔壁人家说话我全听得见。

记　者：您和妻子吵架的时候别人也听得到吧？

陆先生：对呀。还有就是互相之间都太关心了。有许多事得主动向邻居说，你不说，有时邻居也会问。比方我妈来了，旁边的邻居就三番五次[5]地问我老婆跟我妈处得怎么样，特烦人！我们家婆媳处得怎么样，你管得着吗？其实她们处得特别好，但我就是不愿意别人问。

记　者：也就是说邻里之间还是有一些距离感比较好。

陆先生：对。这是一个事物的两面。邻里之间需要互相关心，互相帮助，若没有这种关心帮助那是很可怕的，但又不能亲密无间，起码的隐私要保留。

记　者：很多人觉得住楼房后失去了原先住大杂院的那种感觉，您怎么看？

陆先生：的确。楼房里的每家都是一个单元，空间上来往不那么方便，时间上接触得少了，但这不等于邻里关系就不好了。邻里关系就应该是一种比较自然、随意的关系，不必刻意去处，这才符合现代社会的现状和特点。像原来大杂院那样挤在一起住的情况，有的人喜欢，有的人就受不了。

记　者：有人认为住楼房后，邻里之间老死不相往来[6]，太可怕了。

陆先生：这也不能一概而论[7]。平房和楼房都要有好的邻里关系，这个问题是不用讨论的。但邻里关系怎么样才算好呢？邻里关系好不等于密切。邻里关系所体现出来的价值不仅仅是为了一些实用的目的，那也未免太狭隘了，平日来往少了也不能说邻里关系就不好了。

记　者：您住楼房后有什么烦心事吗？

陆先生：有啊！就是装修的问题。这个问题太严重了，一装修就20多天、30多天，没个完，逼得你就想上去吵架。而且本来房屋挺结实，他这一装修就不结实了。

记　者：看来平房有平房的苦恼，楼房有楼房的苦恼。[8] 住平房时，邻里交往需要有个度，住楼房时，更需要多理解。

思考题：1. 概括说明住大杂院和单元楼各有什么利弊。
　　　　2. 你认为怎样的邻里关系是最好的？

专家观点

　　小胡同、四合院和大杂院是过去城市里常见的住所。但这些年随着城市危旧房屋改造工作的全面展开，这些住所越来越少了，小胡同已经慢慢消失，大杂院里的居民也住进了高楼。人们在住进高楼大厦以后，还时常怀念那些热闹欢畅的场面，惦记着过去那些彼此间相处得很好、像亲友一样的左邻右舍。当然，在怀念和惦记之中，也不时回忆起一些邻里之间不太愉快的事情。

　　人们常说："远亲不如近邻。"[9] 有的社会学者更认为：邻里关系就像空气一样，当失去它的时候才知道它的宝贵。无论是大杂院还是高层楼房，这种相濡以沫的亲情般的邻里关系都不应该丢掉。但是，在这种亲近的邻里关系中也常隐藏着令人不悦的市民气。根据生活环境的不同和改变，交往的方式也应有所不同，互相尊重、适度来往才是现代社会中文明的邻里关系。

生词

1	拎	līn	动	to carry
2	吧嗒	bādā	拟声	sound made when casting things
3	搁	gē	动	to put
4	招	zhāo	动	to court
5	传染	chuánrǎn	动	to infect
6	眼神	yǎnshén	名	eyesight
7	灵活	línghuó	形	dexterous
8	甲肝	jiǎgān	名	hepatitis A
9	乙肝	yǐgān	名	hepatitis B
10	不依不饶	bù yī bù ráo		not to let somebody get away with it
11	咣当	guāngdāng	拟声	sound made when shutting doors
12	熨斗	yùndǒu	名	iron
13	大杂院	dàzáyuàn	名	a compound occupied by many households
14	留恋	liúliàn	动	to recall with nostalgia
15	彼此	bǐcǐ	代	each other
16	煤气	méiqì	名	coal gas
17	中毒	zhòng dú		to be poisoned
18	主动	zhǔdòng	形	initiative
19	三番五次	sān fān wǔ cì		again and again
20	亲密无间	qīnmì wú jiàn		to be on very intimate terms with each other
21	隐私	yǐnsī	名	privacy
22	刻意	kèyì	副	on purpose
23	符合	fúhé	动	to accord with
24	体现	tǐxiàn	动	to reflect

25	一概而论	yígài ér lùn		to treat (different matters) as the same
26	狭隘	xiá'ài	形	parochial
27	装修	zhuāngxiū	动	to fit up
28	逼	bī	动	to drive
29	欢畅	huānchàng	形	thoroughly delighted
30	相濡以沫	xiāng rú yǐ mò		to help each other when both are in humble circumstances
31	隐藏	yǐncáng	动	to hide
32	市民气	shìmínqì	名	philistinism

注释

1 我说（我）怎么……，（原来）……

汉语常用口语格式，相当于"怪不得……原来……"，表示明白了原因后不再觉得奇怪。例：

① 我说我怎么喘不过气来，是高山反应啊！
② 我说这里的天空怎么老灰蒙蒙的，原来是大气污染造成的。
③ 我说他汉语怎么说得这么好，原来他在北京工作过好几年。

2 ……少说也有……

常用口语格式，相当于"至少有……"，常用来说明事物的数量或动作行为的次数等。例：

① 今天这天儿少说也有三十七八度。
② 只见黑压压的一群人，少说也有千八百。
③ 我不停地打电话找你，少说也有八九回。

3 好你个……

常用口语格式,"好你个"后加名词性成分,或是对话对方,或是对话中对方说的话语。使用此格式,表示说话人对对方或对方话语的一种特殊态度和语气,一般为不满或称赞。例:

① 好你个姓王的,竟敢开我的玩笑。
② 好你个机灵鬼,想出了这么个好点子。
③ 好你个"不知道",今天我就让你好好想想!

4 ……还在后头呢!

口语中叙述事件和说明问题时的常用句式,说话人认为后边的叙述和说明比前边的在程度上有所加强,提醒别人注意。此句式后,常有追加的叙述说明。例:

① 她躲过了这次麻烦,但灾难还在后头呢。
② 这只是开场戏,精彩的节目还在后头呢。
③ 这还只是个表面现象,更严重的情形还在后头呢。

5 三番五次

"三……五……"常组成汉语四字固定格式。或表示次数多,如:三番五次、三令五申;或表示不太大的大概数量,如:三年五载。

6 老死不相往来

成语。本指到老到死,彼此之间也没有来往。现在常用来强调互相之间缺乏交流的情况。

7 一概而论

"一……而……",常构成汉语四字固定格式,"一"和"而"分别用在两个动词前面,表示前一个动作很快产生了结果。如:"一哄而散""一扫而光""一挥而就"

等等。这里的"一概而论"强调用同一标准来对待或处理什么事,常用作否定式。例:

让孩子去国外上大学好不好,不能一概而论。

8　平房有平房的苦恼,楼房有楼房的苦恼。

"A有A的……,B有B的……",常用口语格式。常用来表示分别具有,强调不一样。例:

① 小王有小王的优点,小李有小李的毛病。
② 今天有今天的事儿,明天有明天的事儿。
③ 我有我的想法,你有你的主意,不必强求一致。

9　远亲不如近邻

俗语。表示住在远方的亲戚不如住得很近的邻居关系密切。常用来劝人要同邻居搞好关系。

练习

一、画线连词

装修	现状
倒	跟头
引起	道理
符合	蚊子
招	隐私
摔	房子
保留	误会
讲	垃圾

二、下列每组词语中，有一个与其他几个不同，请把它找出来

1. 隔音　　　隔壁　　　隔潮　　　隔热
2. 特别　　　十分　　　一般　　　非常
3. 哼哼　　　吧嗒　　　咣当　　　扑通
4. 留恋　　　惦记　　　怀念　　　记忆
5. 紧急　　　马上　　　赶紧　　　立即
6. 转身　　　转脸　　　转眼　　　转头

三、选择词语填空

1. 小军心里不满意，_____磨磨蹭蹭的。（故意／刻意）
2. 教师讲课时_____介绍了一下本院图书馆的情况和借阅办法。（顺手／顺便）
3. 张平担心他的离婚会引起对方的误会，就_____了这段经历。（隐藏／隐瞒）
4. 开玩笑要_____，玩笑开得过头会引起意想不到的麻烦。（适度／适当）
5. 走廊里堆放着不少东西，显得非常_____。（狭隘／狭窄）
6. 泉水沿着水渠，_____流到田里。（主动／自动）
7. 你越管这事闹得越大，现在你_____吗？（管得着／管得了）

四、选择下列词组完成句子

> 不依不饶　不见不散　一挥而就　一概而论　左邻右舍
> 左闯右撞　三番五次　三年五载　说走就走　相濡以沫

1. 小刘_____，当天下午就出发了。
2. 玛丽住在学校宿舍，有什么事_____都会帮忙，非常方便。
3. 虽然她已经口头承认了错误，可父母仍然_____，非让她写下书面检查。

4. 去国外读学位可不是一年两年的事，拿到博士起码要_____。

5. 老徐_____，写下了几个漂亮的大字。

6. 保罗与苏珊约好了在紫竹院门口_____。

7. 他这样_____地说话不算数，让我还怎么相信他？

8. 父母结婚三十多年了，两人_____，互帮互助，克服了不少生活中的困难。

9. 虽然他不努力，可也不能_____地认为所有的中国学生都不努力。

10. 两位武士_____，终于冲出了包围圈。

五、改写句子

1. 这位先生看上去至少有四五十岁。（少说也有）

2. 怪不得她不理她男朋友了，原来他骗了她。（我说她怎么……）

3. 小华啊小华，你怎么会做出这样蠢的事呢？（好你个……）

4. 本村认为这样做不妥当，金志成也这样认为。（对……有同感）

5. 坐火车旅行和自己开车去外地旅行各有各的好处。（A 有 A 的……，B 有 B 的……）

6. 现在大家看到的只是展览的一小部分，等一下可以看到更好的。（……还在后头呢）

六、语段训练

1. 用设问的方式论述或说明：

为了引起谈话对方或听众的注意或者为了加强某种语气，口语里常用先提问再论述说明的方法把自己确定的意思表达出来。

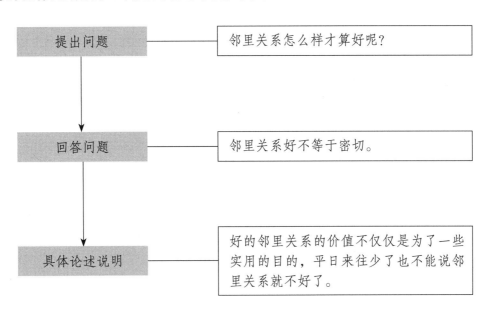

练习：

（1）按正确顺序重新排列说话人的话语：

① 不，戒烟的好处很多

② 可以保证自己一部分的身体健康

③ 戒烟的好处少吗？

④ 还可以避免影响他人的健康

⑤ 而且可以省下你的一笔开支

（2）用设问的方式就以下话题进行练习

① 老实人

② 一对好夫妻

③ 广告的作用

2. 从两个相对的方面进行说明论述：

在汉语中，常从时间空间、外部内部、精神物质等类似的两个相关方面进行论述，以增强话语的说服力。

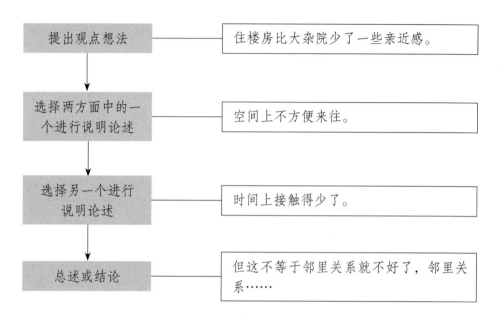

练习（根据提示就以下话题进行说明论述）：

（1）两地分居不利于夫妻感情的培养。（从时空角度）

（2）临海地区适于引进外资。（从外部、内部角度）

（3）中国人的生活越过越好。（从精神物质角度）

第6课 夫妻之间

人生百态

1 善意的谎言

　　我是搞医的,比较忙,闲暇时喜欢到外面散散心,换换空气。但我爱人并不怎么喜欢到外面去玩儿,她属于文静顾家的那种。工作忙了一个礼拜了,我就想消遣消遣。第一次回来晚了一些,她东问西问[1],弄得我心情很不好,家庭气氛也不轻松。说实在的[2],我只是跟几个朋友吃了顿饭、唱了唱歌。以后每次出去,我就对她说:"我有急诊,得去开刀。"回家后,媳妇也不发脾气,问得也少,如果我告诉她是去玩儿了,她肯定不是这样。

为了避免一些不必要的误会，增进夫妻之间的感情，彼此有些秘密，甚至有的时候说句适当的谎言也未尝不可吧？

讨论题：如果你遇到类似情况，你也会说谎吗？

2 学会宽容

我丈夫人比较幽默，手术做得也漂亮，应该说是一个负责任的人。他是2002年大学毕业的，已经做了十几年医生了。大概在五六年以前，有一个年轻伶俐的医学院女学生经常到我们家来找他，而且经常是在我不在家的时候。后来，我发现了，就问他："王大夫，这小姐到咱家不是为了吃您做的炒鸡蛋吧？"因为他不会做饭，就会炒鸡蛋。他说："好像也是，她老是找一些学术上的问题来问我。"我觉得这里面肯定有问题。可能因为我丈夫要学问有学问，要模样有模样[3]，人又比较幽默，这学生比较崇拜他。我有点儿担心。不过我什么也没说，让丈夫自己去处理吧，最后这事就这样过去了。

我认为现在年轻夫妻控制与反控制的斗争很激烈，想完全控制对方，不允许对方有丝毫的活动天地是做不到的。要学会宽容，有自信。

思考题：1. 分析一下妻子的心理。
         2. 从丈夫的角度叙述这个故事，注意表达出他的心理活动。

实话实说

夫妻之间是否需要距离

退了休的老冯跟搞流行音乐的小马因为共同的嗜好成了忘年交。但是谈到夫妻关系,他们却有着完全不同的看法。

老 冯:夫妻之间没什么秘密可言[4]。我小的时候就听爷爷讲过:最亲不过父子,最近不过夫妻。你既然认她做妻子,俩人就等于一个人,你还有什么秘密呢?所以我从开始到现在一直跟我老伴没有什么"猫腻"。

小 马:您说的是您那个年代的想法。那个时候人们活动的空间就那么一点儿,交往是很少的,政治生活与社会生活甚至与私生活没什么可分的。那个时代我们没赶上,现在的年轻人生活呀、交际呀范围比较广了,钱也比过去多了,所以……

老 冯:所以男的就有了小金库[5]了。

小 马:就是。一个月开5000元,交4500,留500。有的夫妻干脆经济上分开,各挣各的,各花各的[6]。家庭开销说好了谁挣得多谁就多花一点儿。

老 冯:这叫结婚吗?这是履行"契约"吧!我18岁就娶了媳妇,当时每月只挣24元钱,要是再留点儿,媳妇就得喝西北风[7]了。如果还没结婚,或者还在谈恋爱,你的就是你的,我的就是我的,这没错。结了婚,就表示俩人一条心,应该经济上公开。什么叫"心心相印"?广告上画的两颗心压在一起,"他"害怕"她"离开,还用箭头给穿上了。

小 马:不对。我觉得夫妻生活也

是一种习惯，用什么样的方式来处理经济上的问题或者感情上的问题，要看双方的适应程度，彼此保留一点儿自己的空间，我认为是一件好事，符合现代社会的特点。

老　冯：我听出来了，你是既想有经济上的秘密，又想有感情上的秘密。我可警告你，你感情上如果有自留地[8]，就像鸡蛋上有裂缝，"苍蝇不叮无缝的蛋"[9]，小心第三者往里伸腿啊。

小　马：您的比喻不恰当。现在的夫妻之间是什么关系呢，好比是两个圆，是不同心的，是有交叉重叠的，所以当然有感情的隐私了。结了婚并不是说一方能完全占有或了解对方的全部情感世界，甚至连对方全部感情历史都想去知道，没那必要，也没那可能。在心里留着一些暂时或长久不对外开放的东西，可以减少很多麻烦。

老　冯：原来我不知道什么叫隐私，跟你这儿学了才知道。隐私不就是你有事瞒着我，我有事瞒着你嘛！这不对，你两口子老瞒着，就会闹分裂、闹离婚，夫妻俩的"天作之合"还有什么意思？

小　马：这是必然的趋势，是一种进步。

老　冯：越进步人应该越善良才对，可现在离婚率太高了，有的结婚三天半就离了。

小　马：这与夫妻保持情感距离有关系吗？

老　冯：绝对有！小伙子，我走过的桥比你走过的路还多呢。[10]

小　马：可我还是主张夫妻之间可以有秘密，至于说有多少秘密，只要夫妻之间觉得合适就行。

讨论题：1. 简单叙述一下老冯和小马的分歧点。
　　　　2. 你认为夫妻之间需要"距离"吗？

专家观点

夫妻好像两块磁铁

夫妻关系是人际关系中最亲密的一种。每个人到了结婚年龄就会开始惦记着那个小小的港湾，渴望享受那里的温馨和宁静。

然而夫妻关系又是最难处的一种。夫妻就好像两块磁铁，在它们有适当距离的时候才能有强烈的吸引力，如果距离过近，看不出磁力来；距离过远，其中的一块就可能被第三块磁铁吸去了。也就是说夫妻之间首先要留有一点儿自己的空间，不应试图去控制对方，没有一个模范丈夫或妻子是控制出来的。当然，保留自己的隐私，只有在不妨碍家庭生活、婚姻感情的情况下才是可行的。此外，年轻夫妻还应该注意不要过多地强调个人的自由，却忽视了婚姻的责任和义务。当您想跟另外一半结婚的时候，也就表示你准备放弃自己的一部分自由，以此来换取对婚姻的承诺，所以你的任何行为都要以道德和伦理为前提，不能丧失自己的良心。

有一首歌这样唱道：相爱是容易的，相处是困难的。夫妻之间永远需要真诚相待，需要双方不停地去添砖加瓦。

第6课

生词

1	闲暇	xiánxiá	名	leisure
2	消遣	xiāoqiǎn	动	to divert oneself
3	气氛	qìfēn	名	atmosphere
4	避免	bìmiǎn	动	to avoid
5	增进	zēngjìn	动	to improve
6	未尝不可	wèi cháng bù kě		should be all right
7	宽容	kuānróng	形	tolerant
8	伶俐	línglì	形	clever
9	学术	xuéshù	名	learning
10	崇拜	chóngbài	动	to adore, to worship
11	嗜好	shìhào	名	hobby
12	忘年交	wàngniánjiāo	名	good friends despite great difference in age
13	猫腻	māonì	名	dirty trick, underhanded activity
14	干脆	gāncuì	副	simply, once and for all
15	开销	kāixiāo	名	expense
16	履行	lǚxíng	动	to fulfill
17	心心相印	xīn xīn xiāng yìn		hearts and feelings find a perfect response
18	箭头	jiàntóu	名	arrowhead
19	保留	bǎoliú	动	to reserve
20	警告	jǐnggào	动	to warn
21	叮	dīng	动	to bite (by mosquitos, etc.)
22	交叉	jiāochā	动	to intersect
23	重叠	chóngdié	动	to overlap

24	分裂	fēnliè	动	to break up
25	磁铁	cítiě	名	magnet
26	港湾	gǎngwān	名	harbor
27	渴望	kěwàng	动	to be eager to
28	温馨	wēnxīn	形	warm
29	宁静	níngjìng	形	quiet
30	试图	shìtú	动	to attempt to
31	模范	mófàn	形/名	exemplary; model
32	妨碍	fáng'ài	动	to hinder
33	忽视	hūshì	动	to ignore
34	承诺	chéngnuò	动	to promise
35	伦理	lúnlǐ	名	ethics
36	真诚	zhēnchéng	形	sincere
37	添砖加瓦	tiān zhuān jiā wǎ		to do what little one can to help

注释

1 东……西……

"东……西……"是汉语中常用的固定格式。"东""西"后常用同一个字或意义相近相关的两个字组成四字格式，在句中以作谓语居多，强调动作行为的全部范围或动作行为的随意性。例：

① 为了筹到这笔钱，他东奔西走，跑了十几个公司。
② 陈先生是第一次出国，他东看西看，觉得一切都很新鲜。
③ 大家逼得他没办法，他就东涂西抹，随便画了几笔。

2 说实在的,……

汉语中常用的口语格式,说话时,插入此句式,提醒听话者注意,并引出说话人最后的态度、意见、结论等。例:

① 说实在的,你这样下去是不会有好结果的。
② 说实在的,她决不会嫁给你的。
③ 说实在的,这事我从来没想过。

3 要……有……,要……有……

汉语中常用的口语格式。"要 X_1 有 X_1,要 X_2 有 X_2……"或"要 X_1 没 X_1,要 X_2 没 X_2……",强调各方面条件都具备或都不具备。例:

① 要学问有学问,要风度有风度,人家哪儿配不上你?
② 要吃没吃,要穿没穿,这日子怎么过?

4 没什么……可言

汉语中常用的一种口语格式,一般用于两个人或事物之间,表示二者在某方面没有说话人认为值得说的事情。例:

① 夫妻之间没什么秘密可言。
② 他们二人已经没什么感情可言了。
③ 二者间没什么相似之处可言。

5 小金库

一般比喻丈夫瞒着妻子留下的、供自己交际使用的钱。也常说"私房钱"。

6 各……各的

汉语中常用的一种固定格式。中间为动词,表示分别做或分别具有,强调不一样。例：

① 这两本词典各有各的用途。
② 我们各挣各的，各花各的。
③ 开完会，他们就各回各的家了。

7 喝西北风

这里比喻因吃不上饭而饿肚子，表明经济困难。

8 自留地

原指在实行农业集体化以后留给农民个人经营的少量土地。这里比喻感情上的秘密、隐私。

9 苍蝇不叮无缝的蛋

汉语中常用的俗语。比喻事物自身有了漏洞、毛病，才会被人利用。常用来说明事物的变化自身的原因是主要的，外部因素只是一个条件。

10 我走过的桥比你走过的路还多

汉语常用俗语。也说"吃过的盐比你吃过的饭还多"，常用来比喻 A 比 B 人生经验丰富得多，生活阅历广得多。

练习

■ 一、在下列两组词之间选择正确的搭配关系

履行	特点
避免	良心
增进	误会
闹	契约
丧失	感情
符合	离婚
发	脾气
负	距离
保持	责任

■ 二、下列每组词语中,有一个与其他几个不同,请把它找出来

1. 幽默　文静　年轻　伶俐
2. 秘密　隐私　距离　猫腻
3. 过去　过近　过多　过大
4. 属于　至于　等于　在于

■ 三、选词填空

1. 他在不足千字的短小篇幅中,_____地表现了主题。(适当/恰当)

2. 几个小孩子在玩游戏,他_____了,以为他们在打架。(误解/误会)

3. 纸里包不住火,这事无论如何也_____不住了。(瞒/骗)

4. 这种现象引起了学生、教师,_____校长的注意。(甚至/而且)

5. 平时不努力,_____干着急。(临时/暂时)

6. 他对这里的气候还不_____。(适应/适当)

7. 我现在的体重与刚来北京时比_____了两公斤。(增添/增加)

8. 这种落后的体制不改变,必然_____改革的发展进程。(妨碍/阻碍)

四、用指定词语改写句子

1. 他虽然忙,但你去找他,我想他还是会帮忙的。(未尝)

2. 自从上次那笔生意没做成功,我的老板就看我不顺眼。(瞧不上)

3. 在我们家,爸爸最忙,妈妈最累。(不过)

4. 李军严肃地提醒同屋,再不遵守作息时间,他就不客气了。(警告)

5. 大学毕业对于小王来说等于要自食其力。(意味着)

6. 张强的病很重,家人都没对他说实情。(瞒着)

7. 学生上课不带书本就像战士上战场不带枪,实在不应该。(好比)

五、用指定的格式和句式完成句子

1. A:现在买这种老式的家具不容易吧?

   B:是啊,_____。(东……西……)

2. A:你一直想去西安旅行,为什么这次不跟苏珊一起去呢?

   B:_____。(说实在的)

3. A:张阿姨给你介绍的那个男朋友你看了吗?觉得怎么样?

   B:_____。(要……有/没……)

4. A:听说他们二人互相信任,合作得很愉快。

B：那是以前，现在_____。（没什么……可言）

5. A：小王呢？下课的时候你们不是一起走的吗？

　　B：是啊，但吃完饭_____。（各……各的）

6. 我不是怕离婚，_____。（说实在的）

7. 李平长得_____，很多男生都喜欢她。（要……有……）

8. 这个市场的东西多极了，坂本他们_____。（东……西……）

9. 这两种牌子_____。（各……各的）

10. 自从她怀疑我儿子偷了她家的东西后，_____。

　　（没什么……可言）

六、语段训练

1. 用比喻说明问题：

在汉语中用比喻的方法能更具体直观地说明问题、阐述见解，这里介绍一种。

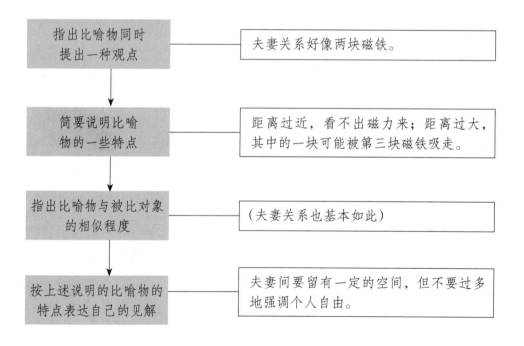

练习（请就下列话题进行练习）：

（1）夫妻关系好比两个交叉的圆圈

（2）兄弟情同手足

（3）主角与配角演员的关系就如红花和绿叶

2. 按顺序去叙述一件事：

我们叙述过去发生的一件事时总是按照一定的顺序，这里介绍一种按事件发展顺序叙述的方法，它一般都有明显的时间标志：

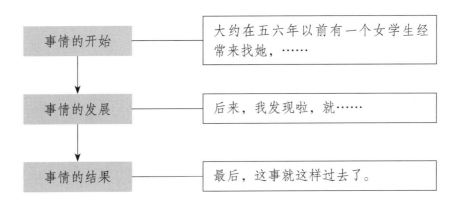

练习：

（1）给下列句子加上时间标志并按正确的顺序重新排列：

①他们终于在认识后的第三年结婚了

②他们彼此只是有些好感

③经过接触才发现对方正是自己所寻找的生活伴侣

（2）使用明显的时间标志叙述自己的一段经历。

第7课　家庭服务员

人生百态

我家的"小保姆"

　　我家请了一位"小保姆",四川人,叫李红波。她来我家已经有4年的时间了,她很能干,曾经连续7年被服务公司评为北京市的优秀服务员。我的老母亲今年84岁了。小李的任务主要是照顾老人。老太太得了老年痴呆症,老是有幻听,总觉得别人在骂她。小李和老太太同住一屋,所以经常受到怀疑。

　　有一天,她俩一起看电视。小李坐在沙发上,老太太坐在旁边。

忽然，老太太拄着拐棍站了起来，对小李说："小李，你躺沙发上，躺平喽。"小李挺高兴，心想："奶奶病好了，跟我开玩笑，我就躺平了吧。"谁知道老太太等人家躺好了，"啪"打了人家一个嘴巴。

事后小李没跟我说这件事。我妈妈高兴地告诉我："昨天她又骂我，我可把她打了[1]。"我说："妈，您惹了祸了，哪能打人哪！"我去问小李，她哭了。我说："小李，真对不起你。让你受委屈了，我怎么赔偿你呢？"我给她钱，她也不要。

后来，我帮她在一家医院找到了一个比较好的工作。可小李说："那奶奶谁照顾啊？再请一个保姆，不了解奶奶的性格，弄不到一块儿[2]。打我一下怕什么，只当是我在我们家做错了事，我的奶奶打我一样。"

思考题：你认为小李是个怎样的人？

实话实说

如何看待家庭服务员

主　持　人：我想问大家一个问题，在日常生活中，对于"家庭服务员"这个职业，你喜欢哪个称呼？是"小阿姨""小保姆"，还是"我的侄女""我的表妹""我的亲戚"，或者正式地叫"家庭服务员"？

服务员（一）：在外面被称呼为家庭服务员的时候，心里挺舒服的，但在家里这样喊我，感觉好像被别人看低一等。

服务员（二）：我倒无所谓[3]，说我是服务员、小保姆也罢，小阿姨也好，我都认可。

雇　者（一）：叫小阿姨也好，叫家庭服务员、小保姆也罢[4]，这就和我们的名字一样，其实就是一个符号。这跟很多历史传统和时代背景有关。比方说，因为历史上保姆一直处于比较低的社会等级，所以叫小保姆一些人会有些反感，觉得和下人、仆人属于同一层次。而"家庭服务员"呢，是近些年来比较新的一个词，本身含有一种社会平等、分工不同的意味。

雇　者（二）：这位女士说得对！不管叫家庭服务员，还是叫别的什么，她进入你的家庭以后，就确立了某种关系，这种关系叫雇佣关系也好，叫其他什么关系也好，反正是一种经济关系和社会关系。

主　持　人：有人认为在我们的家庭和家庭服务员之间大致有这么四种关系：一种是亲情关系，跟一家人一样；第二种是平常关系，只有平常的感情投入；第三种就是纯粹的金钱关系，你给多少钱，她干多少活，钟点工一般是这样的；第四种关系恐怕是我们最不愿听见的，就是损害与被损害的关系。那么请问各位，您认为这两者之间应该是一种什么样的关系？

服务员（一）：当然亲情关系是最好的！

主　持　人：您觉得这种关系真实吗？

服务员（二）：在我的印象中，怎么说也是雇佣与被雇佣的关系，我们之间起码要相互信任。我不奢望什么亲情，但如果经常听到"你是我们家保姆，今天必须把这件事情给干完了"这样的话，心里就有些不舒服，觉得好像没把我们放在眼里[5]。

雇　者（一）：首先要尊重家庭服务员的人格。我们之间是雇佣关系，但是是平等的。

雇　者（二）：但是这种平等也应该有个前提，就是被雇的人自己尊重自己，有良心。有的小保姆因为别的地方多给她几块钱工资，也不提前通知你，撂下活儿就走。

主　持　人：我想问问您，您喜欢什么样的家庭服务员？

雇　者（二）：我小时候是个老保姆带大的。潜意识里一直期望新来的小阿姨像我们家过去那个老保姆一样，对我们家全心全意。可到现在用过六个，期望值就大大降低了。农村的孩子在农村有自己的生活方式，到了城市以后也应该适应城市人的生活方式。这两种生活方式能不能相互适应，得有一个磨合的过程。如果小保姆懂规矩，不消极怠工，没有恶习，不和外面不三不四[6]的人来往，我就满足啦。

主　持　人：你们觉得找什么样的家庭才最满意？

服务员（一）：一般来说，我们喜欢那种知识分子家庭，最起码我们可以从他们的一言一行中学到好多东西。

服务员（二）：我喜欢直来直去[7]的家庭。城里家庭虚伪的比较多，这和我们农村的那种纯朴截然不同。这样的家庭让我觉得很累。

主　持　人：我们大家都希望消灭城乡差别，尽快让农村的姑娘城市化。希望城里人敞开自己的胸怀，接纳农村姑娘，接纳农村人到城市中来。

思考题：1. 概括说明这篇课文讨论了哪几个问题，各有什么观点。
　　　　2. 你对家庭服务员怎么看？

专家观点

近些年,农村的剩余劳动力与城市家庭的内务需要相结合,产生了一种职业——家庭服务员。随着社会化进程的加快和人们生活水平的提高,劳动力市场对家庭服务员的需求日益增加,仅北京每年的家庭服务需求量最少为2万人。

俗话说"清官难断家务事"[8],家庭中婆媳、姑嫂、兄弟姐妹之间都容易产生矛盾,家庭服务员和雇主的这个"家务事"就更加难断了。一方面因为它是一种按市场原则进行的劳动服务和金钱交换,所以金钱支付方要求它有相应的服务质量;另一方面因为它是在家庭和生活中进行的交换,所以劳动方要求它带有更多的温情。

城里人和农村妹之间的矛盾是两种文明的冲突。长期以来,城市和农村相互封闭,缺少沟通和了解。劳资双方站在各自的立场,有不同的要求和愿望。在家庭劳动和服务领域,广泛实施合同制是劳资双方利益得到保证的根本。同时,光有契约是不够的,还要加上道德的调节。

现代家庭和家庭服务员的矛盾已成为一个社会问题,这是社会进步的表现。家庭服务员已经成为城市生活中不可缺少的一个细胞,我们的城市也会因为她们的到来越来越繁荣!

生词

1	保姆	bǎomǔ	名	housekeeper
2	评	píng	动	to reward
3	痴呆	chīdāi	形	dementia
4	幻听	huàntīng	名	phonism
5	拄	zhǔ	动	to lean on
6	拐棍	guǎigùn	名	walking stick
7	惹祸	rě huò		to stir up troubles

8	委屈	wěiqu	形	having a grievance
9	闺女	guīnü	名	daughter
10	认可	rènkě	动	to accept
11	符号	fúhào	名	symbol
12	背景	bèijǐng	名	background
13	下人	xiàrén	名	servant
14	仆人	púrén	名	servant
15	层次	céngcì	名	status
16	意味	yìwèi	名	meaning
17	确立	quèlì	动	to establish
18	雇佣	gùyōng	动	to employ
19	大致	dàzhì	副	roughly
20	投入	tóurù	名/动	input; to input
21	纯粹	chúncuì	形	pure
22	起码	qǐmǎ	形	at least
23	奢望	shēwàng	动	to attach an extravagant hope to something
24	前提	qiántí	名	prerequisite
25	良心	liángxīn	名	conscience
26	撂	liào	动	to leave
27	潜意识	qiányìshi	名	sub-consciousness
28	磨合	móhé	动	to adapt each other
29	规矩	guīju	名	rules
30	消极	xiāojí	形	inactive
31	怠工	dàigōng	动	to be slack in work
32	满足	mǎnzú	动	to satisfy
33	虚伪	xūwěi	形	hypocritical

34	纯朴	chúnpǔ	形	honest and simple
35	截然	jiérán	副	completely, sharply
36	消灭	xiāomiè	动	eliminate
37	敞开	chǎngkāi	动	to open
38	接纳	jiēnà	动	to admit
39	内务	nèiwù	名	housework
40	支付	zhīfù	动	to pay
41	相应	xiāngyìng	动	to correspond with
42	温情	wēnqíng	名	tender feeling
43	封闭	fēngbì	动	to block
44	立场	lìchǎng	名	standpoint
45	领域	lǐngyù	名	field
46	实施	shíshī	动	to implement
47	契约	qìyuē	名	contract
48	细胞	xìbāo	名	cell

注释

1 我可把她打了

"可",副词。表示极为盼望的事好不容易成功了,有"总算""终于"的意思。例:
① 可到家了,我一步也走不动了。
② 钱可找到了,急死我了。

2 弄不到一块儿

指两人脾气、性格、生活方式等差别很大,很难相处。例:

小张习惯早睡早起，小王却是个"夜猫子"，以前他俩在一个宿舍的时候，总是弄不到一块儿。

3 无所谓

不在乎，没有什么关系。例：
老大不小了，还没结婚，大家都替他着急，他自己倒好像无所谓似的。

4 叫小阿姨也好，叫家庭服务员、小保姆也罢，……

"A 也好（也罢），B 也好（也罢）"，汉语中常用的一种格式。表示不管情况是 A 还是 B，结论或结果都不会改变。例：
① 花也好，鸟也好，他都不感兴趣。
② 你愿意也罢，不愿意也罢，都得按照规定去做。

5 把……放在眼里

常用于否定句，表示不在乎某人或某事，有轻视、看不起的意味。例：
我从来没把那个小公司放在眼里，没想到他们发展得那么快，竟成了我们的竞争对手。

6 不三不四

指不正经或不像样子。"不……不……"后面分别加入一个意义相反或相对的单音节动词、名词、数词或形容词，表示"既不是这样，也不是那样"，处于一种让人不满意的中间状态，形容很不和谐的样子。例：
① 你快去把头发剪了吧，这样不男不女的我看着不舒服。
② 他工作起来总是不紧不慢，从来不着急，但也都能按时完成。

7 直来直去

说话或办事直接、干脆，不绕弯子。

趋向动词"来""去"前后搭配，当中放进同一个动词或同义的动词，表示如下的意思：

（1）表示动作的趋向，指一会儿向这个方向，一会儿向那个方向，来来去去重复进行。不过这种动作一般限于小范围的活动。例：

① 看来老钱真为这事儿发愁了，要不怎么一直在屋里走来走去呢？
② 清晨的树林里，不时有鸟儿飞来飞去。

（2）不表示动作的趋向，只表示动作、行为的多次重复。例：

① 这篇文章改来改去已经好几遍了，编辑还是不太满意。
② 整个晚上，我都在翻来覆去想这个问题。

8 清官难断家务事

俗语。表示家庭矛盾情况复杂，即使公正的法官也没法断定谁对谁错。

练习

一、画线连词

受到	关系	受	规矩
挂着	感情	尊重	沟通
惹	祸	消极	委屈
确立	怀疑	缺少	怠工
投入	拐棍	懂	人格

二、下列每组词语中，有一个与其他几个不同，请把它找出来

1. 惹祸　　　　惹眼　　　　惹事　　　　惹麻烦　　　惹是非
2. 反感　　　　讨厌　　　　厌倦　　　　厌恶　　　　无所谓
3. 良心　　　　爱心　　　　关心　　　　同情心　　　信心
4. 撂下　　　　搁下　　　　摘下　　　　装下　　　　放下
5. 全心全意　　称心如意　　一心一意　　真心真意　　实心实意
6. 沟通　　　　矛盾　　　　对立　　　　冲突　　　　抵触

三、选词填空

┌─────────────────┐
│ 后来　　　以后 │
└─────────────────┘

1. 听说他刚到国外时边读书边打工，很辛苦，_____拿到学位，找了个不错的工作。
2. 这事_____再说吧。

┌─────────────────┐
│ 尊重　　　尊敬 │
└─────────────────┘

1. 作为家长，我们_____你的选择。
2. 虽然她没什么文化，但我一直像对老师一样_____她。

┌─────────────────┐
│ 损害　　　伤害 │
└─────────────────┘

1. 躺着看书容易_____视力。
2. 你这样做_____了她的感情！

┌─────────────────┐
│ 规矩　　　规定 │
└─────────────────┘

1. 制定了_____，就应该执行。
2. 一般来说，传统的大家庭_____比较多。

> 满足　　满意

1. 小高似乎对现在的工作很_____。
2. 小程是个上进心很强的人，从不_____于已经取得的成绩。

> 接纳　　接受

1. 经过讨论，大家决定_____小赵为俱乐部成员。
2. 你的意见很对，我_____。

四、选择下列词语填空

> 不中不西　　不上不下　　不痛不痒　　不土不洋
> 看来看去　　吃来吃去　　说来说去　　算来算去

1. 孩子犯了错误，得好好教育，这么_____地说几句有什么用？
2. 虽说这菜的做法有点_____，可味道还是挺不错的。
3. 你尝过被关在电梯里_____的滋味吗？
4. 有些年轻人就喜欢另类的打扮，穿得_____的。
5. 噢，我明白了，_____你还是想去深圳工作呀？
6. 这道题的答案是不是印错了？_____也不得这个数。
7. 我吃过的风味菜也不少了，_____还是最喜欢川味。
8. 这部小说的情节够复杂的，我_____还没明白是怎么回事呢。

五、完成句子

1. _____，这回能好好玩几天了。（……可……）

2. _____，真不容易！　　（……可……）

3. 可算爬到山顶了，_____。

4. _____也好，_____也好，只要是体育节目，_____。

5. 将来不管成功也好，失败也好，我_____。

6. _____也好，_____也好，大家都是平等的。

六、语段训练

1. 对事物进行系统归纳：

使用明显的语言标志对事物进行比较全面系统的归纳在书面语和口语中都是常见的。归纳时按照特定的标准，从某一特定角度来进行，使语段表述更加清晰，各分句间的内在联系也更强。

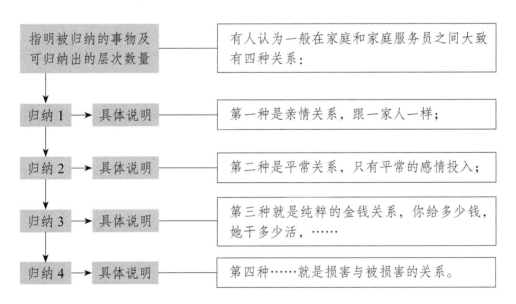

练习（就以下内容进行练习）：

（1）人们一般把语言技能分为四种。

（2）来这儿的学生学习目的主要有三种。

（3）我们的娱乐方式有以下几个……

2. 从事物的反面进行论述：

在汉语中，人们论述和说明某一事物时可以不直接从正面进行，而从它的反面、对立面进行论述和说明，这种方法简练，并有鲜明的对照意味。

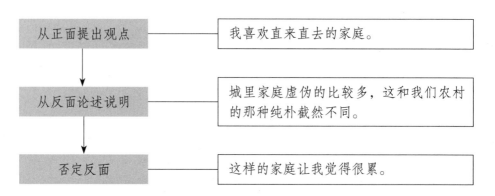

练习（根据下列提示进行上述练习）：

（1）香山 { 秋天 / 其他时间

（2）朋友 { 活泼的 / 稳重的

（3）锻炼 { 清晨 / 傍晚

（4）影片 { 言情的 / 武打的

第 8 课 谁来保护消费者

人生百态

王海的故事

　　我叫王海，山东青岛人，其实我只是个普通人，可现在在中国的很多城市，大人、孩子都知道我。我没做过什么大事，也没犯过什么错误，怎么在一夜间变成了家喻户晓的名人，有时候连我自己也想不清楚……

　　有一次我在北京一个商厦买了两副耳机，当时售货员告诉我那是名牌的，可经过鉴定发现是假的。我想到《消费者权益保护法》第49

条规定:"经营者提供商品或服务有欺诈行为的,应当按照消费者的要求增加赔偿其受到的损失,增加赔偿的金额为消费者购买商品的价款或者接受服务的费用的一倍。"意识到我得到的费用会超出这两副耳机的价值,于是我就又去买了10副,然后要求赔偿。结果当然是如愿以偿了。

后来我又去了很多城市,在那里的各大百货商场进行打假。我想通过索赔这个办法,在不损害自己利益的情况下,为社会做一点点事情。有人认为我这么做是以赢利为目的的,如果说单纯是为了赢利的话,我卖假货绝对可以赚更多的钱。

以前我是做销售工作的。现在我的工作就是"打假"。有人不理解我,叫我"刁民";有人恨我,采用各种方法威胁我。出门在外四处打假有时也很危险,我不得不用化装来伪装自己。实话对你们说[1],生活得也挺难,但是我还会"打"下去。

思考题: 1. 王海是什么人?
2. 你怎么看待王海这个人?

实话实说

 众人谈"王海现象"

A: 我认为王海不是消费者。他的行为是利用《消费者权益保护法》来进行获利的一种职业化[2]行为。简单地说[3],他是个商人。

B: 怎么能这么说呢?打假是件危险的事情,我听说有人因此被打了。所以武松打虎[4]是英雄,王海打假也是英雄。

C: 关于这一点我想说点意见。我觉得市场经济完善的基本条件是消费者的成熟。王海能够有意识地学习"消法[5]",包括学习有关的商品知识,这一点是难能可贵的。

A: 但对他本人来说,我个人认为他不是在打假[6],他以索赔为目的去商店买商品,不是正确的消费。可从法律上来看,没有办法认定他不是消费者,所以他是在钻法律的空子。

B: 王海买假的一个条件是商店在卖假。他没有偷没有骗,他是在买。不管商家是知假卖假还是不知假卖假,商家都有责任。王海没有违法,不违法就是合法,所以他是合法的。

A: 不管怎么说,打假应该依靠政府,不应该发动一些人利用不那么高尚的动机来进行。

C: 我这里有一些数据可以提供给你:2011年,我国查获的假冒伪劣商品货值为53.3亿元,其中查处的食品质量违法案件有2.8万多起。

A: 如果人们都像王海一样买了东西不是去找政府把这种假货根除,而是个人一对一地就某个商品要求赔偿,那假货的根源断不了。

B: 这我同意,话又说回来了[7],王海的行为起码[8]让大家对"消法"有了一定的认识。

C: 我还有一点要补充。如果说大家希望像王海这样的人越来越多,以便对打假有好处,那我们该向他学习什么呢?是学他知假买假,还是买假后再去索赔呢?我觉得都不是。我们要把问题引到正路上来,我们要学习他敢于"打假"的精神。这个精神并不是像他那样去知假买假,或故意去买,或买了后再去索赔,而是知道了假货以后就要依靠国家法律的力量,把假货赶尽杀绝,这才是我们学习的目的,而不是一味模仿他现在的样子。像他现在这样,假货是断绝不了的。

A：对！法制的健全是打假的条件，我听说法国有关法律规定，购买或携带假冒商品是要受法律严惩的，最高可被处以30万欧元的罚款和3年监禁。

B：这样就全面了。所以打假既要靠整个制度，同时也要靠在这个制度中生活的每一个人。

思考题：请把三个人的观点整理一下，完整地表述出来。

专家观点

假冒伪劣商品的日益增多，使广大消费者深恶痛绝。现在假货的贸易量已经占全世界贸易量的7%，因此对世界各国特别是名牌较多的国家来说，有效地保护消费者的正当权益，严厉"打假"，是一个很重要的任务。

在制度上，政府应制定严格的法律，对生产、贩卖假冒伪劣产品的行为进行处罚。消费者个人应该依靠国家法律的力量，把假货赶尽杀绝。

目前有关的法律制度还不完善、不健全。有些消费者打假的同时要求索赔，这种打假的方式说明我们制度的完善要有一个过程。卖假的人和反假的人之间的利益冲突要求政府利用这个机会，去完善法律制度，这种冲突对于我们法律制度所产生的推动作用和积极作用是不容忽视的。

生词

1	家喻户晓	jiā yù hù xiǎo		known to all
2	鉴定	jiàndìng	名/动	appraisal; to appraise
3	经营	jīngyíng	动	to manage
4	赔偿	péicháng	动	to compensate
5	金额	jīn'é	名	amount of money

6	意识	yìshi	动/名	to realize; mentality
7	如愿以偿	rú yuàn yǐ cháng		to achieve what one wishes
8	索赔	suǒpéi	动	to claim indemnity
9	损害	sǔnhài	动	to hurt
10	赢利	yínglì	动/名	to profit; profit
11	单纯	dānchún	形	pure
12	销售	xiāoshòu	动	to sell
13	刁民	diāomín	名	tricky person
14	威胁	wēixié	动	to threaten
15	伪装	wěizhuāng	动	to feign
16	难能可贵	nán néng kě guì		estimable
17	钻空子	zuān kòngzi		to exploit an advantage
18	发动	fādòng	动	to arouse
19	高尚	gāoshàng	形	noble
20	查获	cháhuò	动	to hunt down and seize
21	假冒伪劣	jiǎ mào wěi liè		false and inferior merchandise
22	根除	gēnchú	动	to eliminate
23	以便	yǐbiàn	连	so that
24	正路	zhènglù	名	the right way
25	赶尽杀绝	gǎn jìn shā jué		to wipe out the whole lot
26	一味	yíwèi	副	blindly
27	断绝	duànjué	动	to cut off
28	健全	jiànquán	形/动	perfect; to perfect
29	携带	xiédài	动	to carry
30	监禁	jiānjìn	动	to imprison
31	深恶痛绝	shēn wù tòng jué		to hate deeply

32	处罚	chǔfá	动	to punish
33	完善	wánshàn	动/形	to consummate; perfect
34	推动	tuīdòng	动	to promote

注释

1 实话对（跟）你们说（吧）

也可说成"实话告诉你（们）吧""实话讲给你（们）听……"等等。用在句子中间作插入语，引出后面表事实的句子。例：

① 实话对你说吧，你这样下去是不会有好结果的。
② 实话对你说吧，她决不会嫁给你的。
③ 表面上他是个勤快人，实话告诉你们吧，在家他一点儿活儿也不干。

2 职业化

（1）"名词+化"表示转变成某种性质或状态：
职业化　电气化　机械化　民族化　现代化
（2）"形容词+化"构成动词：
绿化　美化　恶化　深化　简单化　软化

3 ……简单地说……

用在语篇和句子中，后面的句子是前面句子的简单概括与总结。有时可用作"换句话说"，但后者也可能是另一种婉转的表达方式。例：

① 他这是利用不法手段取得本该属于他人的权利和物品，简单地说，他是个小偷。

② 由于主观条件和客观因素的限制，这项工程暂时放一放，简单地说，这项工程现在做不成了。

4 武松打虎

武松是古典名著《水浒传》中的一个重要人物。他打死了景阳冈上一只吃了很多人的老虎，成为人们心目中的英雄。现实生活中人们听到"武松打虎"，常联想到英雄行为。

5 "消法"

全称为"消费者权益保护法"，为保护消费者合法权利而特别制定的法律。
"消协"：消费者协会。

6 "打假""买假""卖假"

"假"为假货，"打假"为打击假货。

7 ……（不过，可是）话又说回来，……

用在语篇和复句中表示转折关系，引出的常常是前一表述的结果或与前一表述相反的条件造成的结果。例：
① 他这个人是笨点儿，可话又说回来了，做事倒是很负责任的。
② 我是很想买辆汽车的，可话又说回来了，只是想，没有钱又有什么用呢？
③ 你不去可以，不过，话又说回来了，你不去谁去呢？
④ 我还是挺喜欢这个工作的，话又说回来了，不喜欢也得做呀。

8 起码

可用作形容词或副词。
（1）形容词。最低限度的可用作"最起码"。

a. 作定语,要带"的"。例:

① 遵守学校规定,是对学生们最起码的要求。

② 这些都是起码的常识,你应该知道。

b. 用在"是……的"格式中。例:

学生要按时到校上课,这是最起码的。

(2)副词。可用作"最起码",后面常有"也",常用在动词、数量词组前面,也可用在主语前,作状语。例:

① 要想当经理,起码也要具备经理的基本素质吧!

② 这座山起码有1000米高。

③ 起码,这个功劳应该有他一半,有我一半。

(3)起码　至少

都可用作副词,用法基本相同。区别:

a."起码"常用于口语;"至少"口语、书面语中都可以用。

b."起码"可用作形容词和副词;"至少"只作副词,不能作定语,不受程度副词(最)修饰。

练习

一、把你认为合适的搭配用线连起来

要求　　　　增多

根除　　　　法律

日益　　　　赔偿

制定　　　　假货

减轻　　　　处罚

二、下列每组词语中，有一个与其他几个不同，请把它找出来

1. 根除　　去除　　除掉　　根本
2. 仿照　　依照　　模仿　　模样
3. 隔绝　　断绝　　断然　　中断
4. 动身　　动手　　动心　　动机

三、选词填空

1. 我们请来了文物公司的专家_____这幅画儿的真伪，并写出了一份正式的_____。（鉴定/鉴别）
2. 发现有_____行为的小贩，应该及时予以处罚。（欺骗/欺诈）
3. 卖假的商店应该_____顾客的损失，消费者应该_____。（赔偿/索赔）
4. 朋友之间应该真诚相待，去掉_____。（伪装/假装）
5. 他找女朋友，漂亮、温柔是最_____的条件。（至少/起码）

四、填空组成语

____尽____绝　　　　家____户____

弹____粮____　　　　家____人____

____恶____绝　　　　家____如____

____愿____偿　　　　家____里____

五、请选择下列词语填空

> 赢利　伪装　对……来说　钻空子
> 动机　根除　从……来看

1. 我们公司采取一系列措施，_____了员工迟到早退的现象，今年的_____就有2000万。

2. _____目前的状况_____，要想提高生产效率不是件容易的事。

3. 只有决心和勇气是不够的，_____那些成绩不好的学生_____，更重要的是改进学习方法，提高学习效率。

4. 农贸市场制定了严格的管理制度，防止不法小贩_____。

5. 一些怀有不良_____的人，_____成助人为乐的样子去做坏事，大家应该提高警惕。

6. 对于那些损人利己的现象，应该彻底予以_____。

六、用指定词语或格式改写句子

1. 如果法律法规不健全，一些人就会利用这些漏洞做坏事。（钻空子）

2. 生产产品不能只追求数量，不重视质量。（单纯）

3. 根据他目前的学习状况，年底达到HSK六级是没有问题的。（从……来看）

4. 今年这家公司经营得不错，获得了5000多万元利润。（赢利）

5. 城市的孩子到了规定的年龄就都上小学了，可是有些偏远山区的孩子上学不是一件简单的事情。（对……来说）

6. 到外国生活，至少你应该懂得那个国家的语言。(起码)

七、完成句子

1. 很多人都说他不是一个好人，＿＿＿＿＿＿＿＿＿＿＿＿＿＿＿＿＿＿＿。
   （实话对你说吧）

2. 表面上看小李是个性格内向的人，＿＿＿＿＿＿＿＿＿＿＿＿＿＿＿＿。
   （实话对你说吧）

3. 这件事是不好办，＿＿＿＿＿＿＿＿＿＿＿＿＿＿＿＿＿＿。（甭管怎么说）

4. 虽然他有很多缺点，＿＿＿＿＿＿＿＿＿＿＿＿＿＿＿＿。（甭管怎么说）

5. 我知道你不喜欢这项工作，＿＿＿＿＿＿＿＿＿＿＿＿。（话又说回来了）

6. 我们现在可以不去那个地方，＿＿＿＿＿＿＿＿＿＿＿。（话又说回来了）

7. 由于资金没有到位，厂房也没有建好，这项工程目前还有些问题，＿＿＿＿＿
   ＿＿＿＿＿＿＿＿＿＿＿＿＿＿＿＿＿＿＿。（简单地说）

8. 从客观来看，这项工作强度太大；从主观上看，老张年纪又大了，＿＿＿＿＿
   ＿＿＿＿＿＿＿＿＿＿＿＿＿＿＿＿＿＿＿。（简单地说）

八、语段练习

1. 当你想分析一个问题，指出一个正确的结论的时候，你应该注意运用这种框架结构：

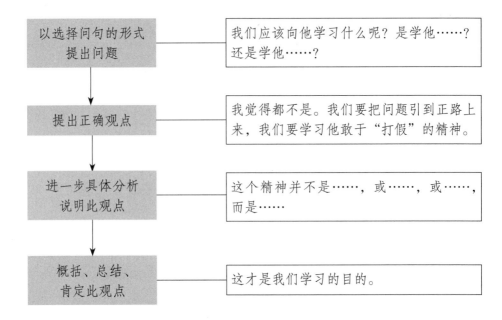

练习（以这种格式来分析几个问题）：

（1）学习汉语的目的（可以去商店买东西，可以去旅行，了解中国文化）

（2）人生活在社会上应该学习一些法律知识，原因是（可以钻法律的空子，成为律师，用法律保护自己）

2. 你想说明一个现象、一个事物的存在情况时，可以运用下面的框架结构，运用具体数字说明，说服力较强：

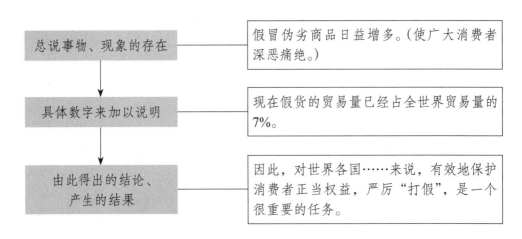

练习（运用提供给你的数字来说明问题）：

（1）中国的电动汽车消费将高速增长：

　　2014年年底中国电动汽车保有量每万人不到1辆，而世界平均每万人10辆。中国电动汽车市场发展潜力巨大。

（2）欧洲妇女的理想生活方式：事业＋家庭。

　　不到10%的女性认为纯粹当家庭妇女为理想状况；

　　就业人员中女性占41%，目前没有职业的女性中50%打算重新参加工作。

第9课 烟与酒

个人观点

抽烟的好处

几乎没有人承认吸烟有什么好处。但是,任何事物有坏的一面,也会有好的一面。这当然包括吸烟。作为[1]一个烟民,我就有几条吸烟的理由。

首先,吸烟是一种消遣。无聊的时候,或者郁闷的时候,抽根烟是不错的消遣和放松。如果非要说吸烟影响健康的话,我们可以列举出不少烟瘾大但却长寿的人。最著名的可算是英国的前首相丘吉尔,他抽的雪茄"硕大无朋",而他活了九十多岁。

其次,吸烟是一种交际手段。两个素不相识的人刚见面时难免有些拘谨,没什么话说。如果两个人都是烟民,那么,他们只要掏出香烟敬对方一根,气氛就自然多了。烟能拉近人与人之间的距离。

再次,吸烟是一种对社会有贡献的消费行为。如今,吸烟者是一个庞大的群体,购烟已经成为一种不可小视的消费,制烟也成为一个不小的产业。如果没有烟民,社会将会增加一批失业者,政府也会少一笔不小的财政收入。

最后,吸烟对于男人来说可以提升气质。男人吸烟的姿势,往往被看作透着稳重感、成熟感。我的一位女同事说,她对她的老公一见钟情,就是因为看上[2]了他吸烟的姿势!

我们必须承认吸烟是有害的,但是我们也必须承认吸烟并非一无是处。

思考题: 1. 复述课文,注意论述的层次。
2. 你认为抽烟有好处吗?请具体加以说明。

实话实说

抽烟的坏处

在电视台的一个闲谈栏目中,主持人就"为什么吸烟""吸烟的坏处"等问题与几位观众进行了座谈。

A 君：我吸烟从开始的时候就跟人家不一样，我吸烟是饿得。60年代在大学读书的时候去乡下劳动，吃不饱肚子，晚上睡不着，房东老大爷特别好心，就端来个大笸箩，里边装的是烟叶，还半真半假[3]地说："你抽一口就不饿啦。"我抽完一口之后，果然不饿了，但直恶心光想吐。本来就吃不饱，这下儿变成吃不下了。

主持人：怪不得您这么瘦，敢情是抽烟抽得啊。

B 君：我抽烟是从抽喜烟开始的。我本来不抽烟，人家结婚的时候，递上一支喜烟，你不抽不抽也得抽一支吧[4]。但是我就觉得抽了以后非常不舒服，嘴里有股很难闻的味儿，我自己闻着都难闻，别人闻着，尤其是异性，就更受不了。后来为了交际，人给了烟不抽不好意思，时不时也抽一支吧，但最后实在不愿意让自己受罪，就不抽了。

主持人：听你这么一说，年轻人说什么也得戒烟了，抽烟把异性朋友都吓跑了。

C 君：我喜欢半夜搞创作，有时光喝茶、喝咖啡不行，非得靠抽烟提神解困。有一次我爱人嘲笑我：一个通宵写出来的字数还没有烟屁股多呢。戒烟以后，我也写作，也熬夜，但困了就睡，睡足了就有精神了，不必透支我的精力，效果不错。可见说靠抽烟才能帮助思考并不是什么正当理由[5]。

主持人：这位先生是现身说法啊。其实对尼古丁成瘾之后，可能让您神经系统的兴奋点降到了一个很低的水平。戒了烟兴奋点又恢复到您正常的水平啦。

D 君：我不吸烟，可常常被动吸烟。朋友们一起吃饭，总有几个吸烟的，包间里又不透气，熏得我真恶心。还好现在有禁烟令[6]了，不用吸二手烟了。有时我看到一些烟瘾大的人牙黄、手黄的，非常不能理解他们，何况吸烟还会直接导致肺病、气管炎[6]等，这何苦呢[7]？

主持人： 这得问一下心理学专家，据说吸烟也是一种心理疾病，在美国是这样分的。我认识的朋友中就有这样的人，他们开始吸烟没有什么原因，有一位说是为了增强自信心，可以让自己看上去很成熟。还有一位完全是为了模仿他崇拜的明星，让人莫名其妙。

讨论题： 1. 分别介绍课文中四个人对抽烟的看法。
2. 谈谈你对抽烟的看法。

专家观点

劝君莫贪杯

"何以解忧？唯有杜康。"[8] 这一千百年来脍炙人口，一直为人们所传诵的诗句，道出了我们这个酒的国度对于酒的一种理解、一种态度。酒在中国人的生活中，已不仅仅是一种饮品，它融于中国文化大潮之中，形成了中国特有的文化。

酒，从它产生的那天起，就与人类生活结下了不解之缘。欢乐时，人们用它表示庆祝；忧愁时，人们用它排遣心中的郁闷；孤独时，它又成了知己和朋友。正是因为有了酒，我们的生活才越来越多姿多彩[9]。

酒是款待朋友的佳品，俗话说"酒逢知己千杯少"[10]，亲朋好友相聚，酒是最能助兴的东西。酒能给人灵感，在微微酒醉的境界里，文人墨客往往会摆脱理性的束缚，进入自由自在的天地，"李白斗酒诗百篇"[11]，曾为后人留下许多不朽的佳作。在酒的氛围中，人们无论高低贵贱，都能敞开心扉，坦诚相待，正所谓"酒后吐真言"。

但是，喝酒可以助兴，也会让人丑态百出。现在在一些地方流行的劝酒风，以喝酒的多少衡量彼此感情的深浅，以度数的高低显示身体的强弱，以酒醉说明尽兴，实际上是给几千年的中国酒文化添了一种俗气。喝酒是喝情趣，不是喝度数，"我干杯，您随意"，在酒桌上能够适度，是成熟和智慧的表现，劝君莫贪杯！

生词

1	郁闷	yùmèn	形	gloomy, depressed
2	硕大无朋	shuòdà wú péng		of unparalleled size, huge
3	素不相识	sù bù xiāngshí		do not know at all
4	拘谨	jūjǐn	形	overcautious, reserved
5	敬	jìng	动	to offer (food, drinks, etc.) politely
6	庞大	pángdà	形	big, huge, enormous
7	小视	xiǎoshì	动	to look down on
8	产业	chǎnyè	名	industry, estate, property
9	气质	qìzhì	名	temperament, disposition
10	透	tòu	动	to show, to appear
11	一见钟情	yí jiàn zhōngqíng		to love at first sight
12	一无是处	yì wú shì chù		without a single redeeming virtue or quality, devoid of any merit
13	座谈	zuòtán	动	to have an informal discussion
14	笸箩	pǒluo	名	shallow basket
15	恶心	ěxīn	形/动	sick; to feel sick
16	敢情	gǎnqing	副	(used when something is discovered or seen for the first time) why, so

17	嘲笑	chǎoxiào	动	to laugh at
18	通宵	tōngxiāo	名	throughout the night
19	透支	tòuzhī	动	to misuse
20	现身说法	xiànshēn shuǒfǎ		to use one's own experience to persuade somebody to do something
21	成瘾	chéng yǐn		to get addicted to
22	何苦	hékǔ	副	why bother to
23	莫名其妙	mò míng qí miào		to be puzzled
24	贪杯	tānbēi	动	to be too fond of drink
25	传诵	chuánsòng	动	to be on everybody's lips
26	融入	róngrù	动	to become a part of
27	排遣	páiqiǎn	动	to dispel
28	多姿多彩	duō zī duō cǎi		varied and graceful
29	款待	kuǎndài	动	to treat cordially
30	助兴	zhùxìng	动	to add to the fun
31	灵感	línggǎn	名	inspiration
32	文人墨客	wénrén mòkè		men of letters, literati
33	摆脱	bǎituō	动	to free oneself from
34	束缚	shùfù	动	to restrain
35	不朽	bùxiǔ	动	to last forever, to be immortal
36	氛围	fēnwéi	名	atmosphere
37	心扉	xīnfēi	名	mind, heart, thought
38	坦诚	tǎnchéng	形	frank
39	丑态百出	chǒutài bǎi chū		to act like a buffoon
40	衡量	héngliáng	动	to judge
41	俗气	súqi	形	vulgar

注释

1 作为

表示以某种身份、资格（做某事），或从某个角度出发（作出判断）。例：
① 作为领导，不接近群众是做不好工作的。
② 作为一篇论文，这种写法是值得学习的。

2 看上

"上"是趋向动词，在此为引申用法，表示开始并继续。例：
① 听，他又唱上了。
② 姑娘看上了那个小伙子，只是不好意思说。
"上"的其他常用引申用法还有：
（1）通过动作使事物处于一定位置。例：
③ 今儿天冷，你出去的时候别忘了戴上帽子。
④ 见儿子躺在床上睡着了，妈妈轻轻给儿子盖上了被子。
（2）包括进去。例：
⑤ 你们去长城的时候把我也算上。
⑥ 下午开会别忘了叫上小孙。
（3）表示有了结果或达到目的（常指不太容易达到的目的）。例：
小周终于住上新房子了，高兴得整天笑眯眯的。

3 半真半假

"半……半……"中间插入意义相反的两个词或词素，构成四字固定格式，表示相对的两种性质或状态同时存在。例如："半真半假""半信半疑""半文半白""半推半就"等等。

4 你不抽不抽也得抽一支吧。

"不+V₁+不+V₁+也得+V₁……"是常用口语格式。表示虽然不想做，但迫于某种条件、压力不得不做。例：

① 人家都发言了，我呢，不说不说也得说几句吧。
② 老同学今天都到齐了，你不吃不吃也得吃点吧。
③ 我知道你没钱，可别人都出个一百、二百的，你不出不出也得出点儿吧。

5 可见说靠抽烟才能帮助思考……

"可见"，连词，常常用来连接句子和段落。表示后一部分是根据前一部分所说的事实得出的判断或结论。连接长句或段落时，常用作"由此可见"。例：

① 一连做了三遍，还是错，可见你根本没用心。
② 既然你给她发了那么多短信，她都没回，可见她是不想再理你了。
③ ……，由此可见，做个好人并不是件容易的事。

6 禁烟令

2014年11月24日，中国公布了《公共场所控制吸烟条例》，在全国范围内，全国禁止在公共场所吸烟。

7 何况吸烟还会直接导致……

"何况"，连词。有两个意思：

（1）用反问语气表示更进一层的意思，常用作前后对比。使用"何况"时，前面常用"尚且""却"配合。例：

① 年轻人都累坏了，何况老王已经是快六十的人了。
② 你们四位专家尚且弄不明白，更何况我这个外行呢？

（2）表示补充说明理由，有"况且"的意思，常与"还""又"等词配合使用。例：

③ 小王没去是对的，这是上课时间，何况他的脚伤还没全好。
④ 喝酒过量容易伤身体，何况他还爱开车。

课文中的是第二种用法。

8 这何苦呢?

"何苦",副词。用于反问句中,表示这样做不值得,没必要,有为什么自找苦吃的意思。可以在对话中单独使用,也可以在句中作状语。例:

① 你们何苦为这么点小事闹矛盾?
② A:你们不用劝我了,我已经想好了,现在就去!
　　B:风大雨大,何苦呢?
③ 明知说也没用,你又何苦去自讨苦吃呢?

9 何以解忧? 唯有杜康。

中国古代文学家、政治家曹操《短歌行》中的著名诗句。"杜康"是一种酒名。诗句的意思是:用什么来解除忧愁呢? 只有喝杜康酒才行。现在人们仍常引用这一诗句表达以酒消愁的痛苦心情。

10 多姿多彩

"多……多……"常加意义相近的名词组成四字固定格式,表示数量多。如"多姿多彩""多灾多难""多嘴多舌""多愁多病""多事多患"等等。

11 酒逢知己千杯少

与"话不投机半句多"组成俗语。表示知己相逢喝得再多也不够;和谈不来的人一起交谈,说半句话也嫌多。前句多用在与好朋友一起喝酒时,劝朋友多喝酒;后句有时也用于两人产生矛盾、争论时。

12 李白斗酒诗百篇

文学典故。相传唐代大诗人李白喜好饮酒作诗,喝得越多,诗兴越浓,写出来的诗作也越多越好。这里的"斗(dǒu)"是古代盛酒的器具,"斗酒"表示喝得多。

练习

一、画线连词

不朽的　　　　　　郁闷
排遣　　　　　　　朋友
摆脱　　　　　　　束缚
形象的　　　　　　理由
款待　　　　　　　气味
正当　　　　　　　比喻
难闻的　　　　　　作品
敞开　　　　　　　心扉

二、下列每组词语中，有一个与其他几个不同，请把它找出来

1. 酒　　　　组　　　　口　　　　支　　　　股
2. 成瘾　　　提神　　　熬夜　　　助兴　　　忍受
3. 好心　　　乱说　　　闲谈　　　递增　　　突变
4. 日用品　　兴奋点　　酒文化　　心理学　　现代化
5. 亲朋好友　少男少女　文人墨客　高低贵贱

三、选词填空

1. 开会的时候，经理_____强调了这项工作的重要性。（尤其/特别）

2. 当天的作业_____就应该当天完成。（本来/原来）

3. 我让他逼得没办法，只好_____接受了这项工作。（被迫/被动）

4. 污染空气就等于是_____生命。（危害/迫害）

5. 他是一个坚强的男子汉，什么痛苦都能_____。（忍受/忍耐）

6. 由于他不负责任的态度，_____了公司的巨大浪费。(形成/造成)

7. 上周小吴因为表现好，_____学校的表扬。(遭到/受到)

四、请选用下列词语改写句子

| 一无是处 | 一见钟情 | 多灾多难 | 丑态百出 |
| 半梦半醒 | 莫名其妙 | 大喊大叫 | 现身说法 |

1. 小赵这人是有不少毛病，但你不能说他一点优点也没有。

2. 当时他放弃工作去经商，我们所有的人都不能理解。

3. 小王和小张是大学同学，两人第一天上课就互相爱上了对方。

4. 为了教育孩子，爸爸以自己的亲身经历为例，说明了小时候不努力长大后后悔的道理。

5. 高考前学习特别紧张，起得太早，睡得不够，上学的路上也分不清是醒着还是睡着。

6. 喝醉了酒，我们几个哭的哭，闹的闹，其他人都觉得不舒服。

7. 做饭的时候小玲不小心让火烫了一下，疼得她大声嚷嚷，我们还以为有什么事呢。

8. 今年净遇到倒霉事，地震、洪水、干旱。

五、用指定的词语句式完成句子

1. 头疼感冒我一般从不去医院，吃点药就算了。这一回坚持了几天，最后____
   _____。（不+V+不+V也得+V）

2. 今天是小张的生日，我们这么多年的朋友_____。
   （说什么也得+V）

3. 连五岁的孩子都懂得这个道理，_____。（何况）

4. 我爸爸是围棋高手，受爸爸的影响，_____。
   （与……结下了不解之缘）

5. 全班四十名同学，三十七人都认为这种做法不合适，_____
   _____。（可见）

6. 雷锋助人为乐的精神_____。（为……所传颂）

7. 感情的事是不能勉强的，_____？（何苦……呢）

8. 改革开放以后，许多新的文艺思想_____。
   （融入……之中）

六、语段练习

1. 从正面不同角度论证观点，并进一步假设相反的情况会带来负面结果。

   为了使自己的观点被接受，我们可以先从正面的不同角度加以说明，然后作出相反的假设，并指出可能产生的负面结果。

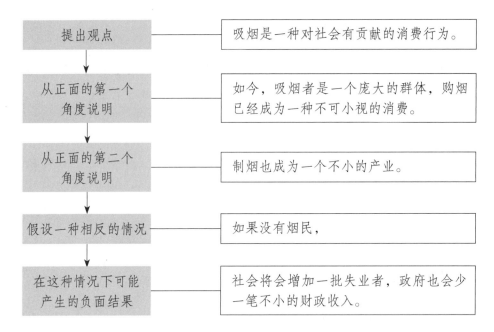

练习：用上述框架就以下话题进行论述。

（1）家庭服务业是现代社会不可缺少的行业。

（2）家庭教育中，适当的惩罚是必要的。

（3）应该培养学生的自学能力。

2. 用排比句说明和论述：

在汉语中常使用格式相同、内容相关的几个句子进行说明和论述，增强说话的感染力和说服力。

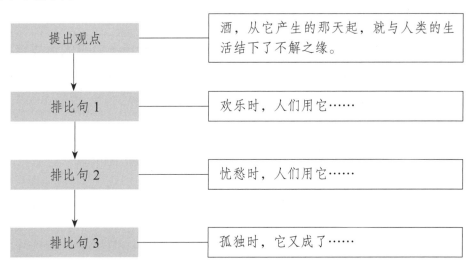

练习：

（1）根据课文内容论述：

劝酒风实际上是给几千年的中国酒文化添了一种俗气。

以……衡量……

以……显示……

以……说明……

（2）根据提示说明：

① 结论：学不好汉语。

格式：没有……

没有……

没有……

② 观点：我非常不喜欢这里的天气。

格式：冬天……

春天……

夏天……

第10课 尊重生命

人生百态

生命的故事

假如一个人突然接到了医院诊断书,得知他将不久于人世,面对死亡,他将做些什么呢?

袁平就是这样,在毫无思想准备的情况下接到了"死亡判决书"。新婚的第七天,他突然发高烧,去医院检查,结果是癌症。袁平的蜜月就是这样在病房中度过的。想想小他7岁[1]的妻子,那个只有23岁、体重只有80斤的女孩,袁平决定瞒着她,独自一人承担这个灾难。

其实袁平的妻子当天就知道了真相。她脸上挂着微笑走进了丈夫的病房，在丈夫面前有说有笑[2]，像往常一样高高兴兴的。可走出医院的大门，她一路哭着回到了空荡荡的新房。

转眼十几年过去了。袁平仍然顽强地活着。这些年，在几十次治疗的空隙，作为作家的袁平，在妻子的帮助下，完成了好几部作品，其中有两部小说获得了全国大奖。

面对死亡，袁平和他瘦小的妻子都没有退缩，他们相互搀扶着，走出了死亡的阴影，走向光明的未来。

练习题： 从袁平妻子的角度叙述袁平的故事。

实话实说

直面"安乐死"

今天我们要讨论的内容可能有点儿沉重，因为它是人们传统观念

里避讳的话题——死亡。

安乐死多年来在世界各国一直颇有争议，除了荷兰、比利时等少数几个国家外，众多国家还没有让安乐死合法化。中国的安乐死立法，从1988年开始提出，至今还在争论之中。安乐死在中国合法化似乎还有很长一段路要走。

记　　者：我们报纸就安乐死问题对北京市民作过一次调查。调查前我们曾担心被访者会反感这个话题。结果表明，我们的担心是多余的。今天的北京市民已经能坦然面对死亡这个话题了。被访者中，85%以上的人认为安乐死是符合人道主义的，64.6%的北京人愿意为自己选择安乐死，至于[3]是否同意让家人选择安乐死，很多人则顾虑重重。

社会学者：让家人实施安乐死不仅关系到[4]病人、自己，还关系到亲朋好友对自己的看法。中国传统观念中最崇尚的是"孝"和"悌"，而安乐死却是放弃亲人的生命。很多人由于担心别人的议论或不被社会舆论认可，最终做出了违背自己意愿的决定。

记　　者：当被问到安乐死带来的最大好处时，82%的人认为"安乐死可以免除病人的痛苦"，只有不到一成的人认为"可以减轻家人沉重的经济负担"或"让家人免受长期的痛苦"。这个调查结果令我们深思。在公开场合，人总会不自觉地把自己自私的、个人的、不被社会认可的想法隐藏起来。其实现实的生活负担是任何人都无法回避的。俗话说"久病床前无孝子"，这是有一定道理的。事实是，经济再困难，人们也[5]不愿意承认这是放弃家人生命的原因。因此"减轻病人痛苦"就成了最好的说法。

医　生1：我也有同感。这也正是我不赞成安乐死的原因。我工作的那家医院，有大量的农村病人，他们没有医疗保险，看病完全自费。晚期癌症病人放弃治疗的比比皆是，特别是[6]老人，就是因为怕给儿女增加经济负担。支持安乐死立法的专家认为只要立法严谨，就可以避免安乐死被滥用。但法律条文和老百姓的理解是两回事。如果允许安乐死，一个得了绝症的农村老人将会承受多大的压力啊。为了不给家人留下沉重的债务而选择死亡，那样的死"安乐"吗？

医　生2：面对死亡，大概每个人都会恐惧。我在上海一所大医院工作。上海的医疗保险包括了晚期癌症等花销很大的病种。上海的癌症病人基本上都能坚持治疗，但最后的阶段非常痛苦。在剧烈的疼痛中，经常有病人大叫："还不如让我死了！"但只要疼痛减轻，哪怕只有短短的5分钟，他们都会表现出强烈的求生欲望。我当医生这么多年，没有一个人向我提出过安乐死。

医　生3：我对安乐死也有担忧。除非一个人在生病之前就已经决定安乐死，否则[7]，对于那些有时痛苦有时平静的病人，你怎么判断他哪个时刻的哪句话代表他的真实意愿？

医　生2：在我国安乐死立法的争论中，似乎只有两个选择：结束一个生命，或者让他受苦。其实根据国外的经验，还可以有第三个选择——缓解痛苦的照顾，即宁养服务。英美等国都有宁养组织。他们的研究表明，很多病人提出安乐死，主要是认为自己是家人和社会的负担，或者觉得自己被家人遗弃了。

如果能进行开导，绝大部分人都会回心转意，不再认为安乐死才是解除痛苦的最佳办法。

医　生3：如果我们在100个要求安乐死的人身上，该给的各种照顾及治疗、心理支持都给了，还有5个或10个人说，让我安乐死吧，那时再谈安乐死也不晚。

文 学 家：生命是美好的。与其经历"生不如死"的痛苦，不如[8]选择平静安宁有尊严的死。反正[9]我认为安乐死是对人权的尊重，是更人道的做法。

社会学家：什么是真正的人道主义，是全力延长生命，还是让生命更有质量和尊严？目前有不同的理解。这个问题不谈清楚，安乐死就没法操作。

哲 学 家：一个人的生命，是不是完全属于他自己？也就是说，一个人对自己的生命，有没有完全的支配权？现实的答案是：没有。人的生命属于社会。在所有理智的社会，自杀都被看作是一种悲剧，是必须坚决反对的行为。更何况，安乐死还需要在别人的帮助下才能完成。

生的快乐和死的安详，是人类对生命的追求。我们希望有一天，人们终于有权利把握自己的生死；我们更希望，这种权利带给人们的是生命的快乐，而不是死亡的痛苦。

专家观点

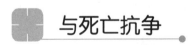

与死亡抗争

有生命就有困惑。面对死亡，是用消极的态度等待死亡的到来，还是用乐观、开朗、积极向上的态度配合医生治疗，努力与死亡抗争？

有人认为，与死亡抗争有三个基本条件：第一个条件是合理的综合性治疗；第二个条件是患者要有比较好的生存小环境，包括家庭、工作单位等；第三个条件就是本人坚持与疾病作斗争。这三者结合在一起，病人生存下来的机会就大多了。

除了这三个基本条件以外，"共识效应"也很重要。正常人的生活、工作是一种生存状态，病人在医院接受治疗是另一种生存状态。而病人接受治疗后从医院出来，又不能马上回归社会，就是第三种生存状态。这就需要一个适合他们生存的群体，我们把这称为集体的心理治疗，或叫一种"共识效应"。在这个群体中，大家用积极的人生态度、用战胜疾病的信心和勇气，互相鼓励。这是现代人的一种自觉的付出，是社会文明的表现。

一朵花、一棵草孤独地生长，它们的生命力很弱。如果把它们放在百花园中，它们就会郁郁葱葱。面对死亡，大家应该互相扶持，共同努力。努力才有美丽的人生！

生词

1	诊断	zhěnduàn	动	to diagnose
2	判决	pànjué	动	to pass judgment on a case, to adjudge
3	瞒	mán	动	to hide the truth from
4	灾难	zāinàn	名	calamity, suffering
5	真相	zhēnxiàng	名	facts, truth, real situation
6	空荡荡	kōngdàngdàng	形	empty, deserted
7	空隙	kòngxì	名	interval, empty space
8	退缩	tuìsuō	动	to shrink back, to flinch
9	搀扶	chānfú	动	to support somebody with one's hand, to help and support
10	阴影	yīnyǐng	名	shadow

11	直面	zhímiàn	动	to face squarely
12	避讳	bìhuì	动	to be avoided as taboo
13	颇	pō	副	quite, very
14	立法	lì fǎ		to make (or enact) laws, to legislate
15	多余	duōyú	形	superfluous, unnecessary
16	坦然	tǎnrán	形	calm, having no misgivings
17	顾虑重重	gùlǜ chóngchóng		to have no end of worries
18	孝	xiào	形	filial
19	悌	tì	形	love and respect for one's elder brother
20	放弃	fàngqì	动	to abandon, to give up
21	舆论	yúlùn	名	public opinion
22	免除	miǎnchú	动	to avoid, to prevent, to exempt
23	比比皆是	bǐbǐ jiē shì		can be seen everywhere
24	严谨	yánjǐn	形	strict, careful and precise
25	滥用	lànyòng	动	to abuse, to use indiscriminately
26	绝症	juézhèng	名	incurable disease
27	债务	zhàiwù	名	debt, liabilities
28	求生	qiúshēng	动	to seek survival
29	缓解	huǎnjiě	动	to relieve, to alleviate
30	开导	kāidǎo	动	to help somebody see the point, to enlighten
31	回心转意	huí xīn zhuǎn yì		to change one's mind
32	解除	jiěchú	动	to remove, to relieve
33	支配	zhīpèi	动	to control, to dominate
34	理智	lǐzhì	形	rational
35	把握	bǎwò	动	to grasp, to seize
36	困惑	kùnhuò	名	confusion, perplexity

37	配合	pèihé	动	to coordinate, to cooperate
38	抗争	kàngzhēng	动	to make a stand against, to resist
39	共识	gòngshí	名	common understanding, consensus
40	回归	huíguī	动	to return, to go back to
41	自觉	zìjué	动/形	to be aware of; on one's own initiative, conscious
42	郁郁葱葱	yùyùcōngcōng	形	green and luxuriant, verdant
43	扶持	fúchí	动	to give aid to, to support

注释

1 小他 7 岁

意思是"比他小 7 岁"。部分形容词后面加上名词或代词，再加上数量词，表示"比……"。例：

① 虽然我叫她姐姐，其实她只大我三天。

② 这孩子长得真快，半年不见已经高我半头了。

2 有……有……

动词"有"连用，构成"有……有……"格式，其意义和用法是：

（1）放入两个意义相同或相近的名词或动词，表示强调。在句中可作谓语、状语、补语以及定语等。例：

① 史老师去过很多地方，经常有声有色地给学生们讲各种新鲜有趣的事。

② 饿的时候粗茶淡饭也会吃得有滋有味。

③ 一群年轻人在那里有说有笑，让人觉得他们是世界上最快活的人。

（2）放入两个意义相对或相反的名词、形容词或动词，表示既有这个方面，又有那个方面，两方面兼而有之。在句中可作谓语、状语和补语。例：

④ 他说的这个办法有利有弊，我看可以试一试。

⑤ 调查的结果有好有坏，不能一概而论。

3 至于

提起一个新的话题或比照的对象。例：

① 我只知道北京有很多胡同，至于它们的历史，我并不了解。

② 在那个地区，家庭拥有汽车已经不是什么新鲜事，至于一般的家用电器，早就很常见了。

③ 值得做的事，我就坚持，至于别人怎么想，我不在乎。

4 关系到……

意思是"和……有关系"，有时也可理解为"对……有影响"。后面为名词性结构。例：

① 物价的稳定关系到社会的稳定。

② 心情是否愉快不仅关系到身体健康，也关系到生活质量。

5 再……也……

副词"再"与"也"搭配构成一种紧缩句，表示让步的假设关系。"再"有"即使""无论怎么"的意思，提出假设让步的情况；"也"引出结果或结论，但不受前面情况的影响，意思上有转折。"再"有时可连用。例：

① 我再忙也得去一趟啊。

② 再简单，再节约，结婚也得摆几桌酒席吧。

6 ……，特别是……

在几种同类的事物或情况中，指出突出的一个。相当于"尤其"。例：

① 我要感谢我的父母，特别是我的母亲，她为我的成长付出了很多辛劳。

② 不少人的衣服上，特别是袖子上，沾满了土。

7 除非……否则……

表示条件关系的关联词语。"除非"后面提出条件,如果不满足这个条件,就会出现"否则"后面的结果。例:

① 除非他向我道歉,否则我不会原谅他。

② 除非我们找到更好的办法,否则只能先这样。

③ 除非到了秋天,否则你见不到这种水果。

8 与其……不如……

表示选择关系的关联词语。也可以说成"与其……还不如/倒不如……"。说话人选择的是后一个分句。例:

① 这么近的路,与其坐车,不如走着去。

② 与其等着别人催,不如自己赶快做完。

③ 与其没完没了地讨论,不如先试着做一做。

9 反正

副词。主要有以下两种用法:

(1) 表示在任何条件下,结论不变,有时和"不管""无论"等呼应。例:

① 不管你们谁先讲,反正每个人都要讲一讲。

② 我们先自己想想办法,反正无论如何不能不让孩子上学。

(2) 引出很有把握的判断或强调某一种情况的确实性。例:

① 反正我每天都在办公室,你什么时候来找我都行。

② 去不去由你,反正我通知你了。

练习

一、画线连词

承担　　　　痛苦
实施　　　　状态
真实　　　　责任
经济　　　　生命
完成　　　　意愿
滥用　　　　负担
经历　　　　权力
延长　　　　法律
生存　　　　开导
进行　　　　作品

二、下列每组词语中，有一个与其他几个不同，请把它找出来

1. 假如　　如果　　即使　　假设　　假使
2. 往常　　经常　　过去　　以往　　以前
3. 恐惧　　灰心　　害怕　　惧怕　　畏惧
4. 乐观　　开朗　　积极　　向上　　消沉

三、选词填空

　　面对　　面临

1. 由于自然环境遭到破坏，一些稀有动物_____灭绝的危险。

2. _____歹徒的袭击，警察们表现得非常勇敢。

> 顽强　　坚强

1. 残疾人小李不怕困难，_____奋斗的精神给我很大鼓励。
2. 艰辛的生活让原本柔弱的她变得越来越_____。

> 承受　　忍受

1. 为了完成这项计划，他_____了多方面的压力。
2. 他是_____着巨大的病痛写完那本书的。

> 违背　　违反

1. 他因严重_____交通规则而被吊销了驾驶执照。
2. 政府制定的政策不应该_____人民的意愿。

> 了解　　理解

1. 作为癌症病人的家属，我很能_____病人得知病情时痛苦的心情。
2. 刚到中国的时候，有好几次因为我不_____中国人的生活习惯而闹了笑话。

> 尊重　　尊敬

1. _____别人才能得到别人的_____。
2. 老宋不仅技术好，人也正直，深受大家的_____。

> 掌握　　把握

1. 在实践中应用才能更好地_____知识。
2. 这是个难得的机会，我要尽量_____好。

四、在横线上填写恰当词语，然后选词填空

> 有_____有笑　　有声有_____　　有得有_____
> 有_____有味　　有褒有_____　　有_____有据

1. 依我看，你这样做会_____，并不像你想象的那么好。

2. 评论界对这部电影_____，看法不一。

3. 人家小董说得_____，我是心服口服。

4. 小李的最大爱好就是看书，多么没意思的书他也能看得_____。

5. 小杨这人可真有意思，刚才还怒气冲冲呢，现在又_____了。

6. 别看奶奶不识字，讲起故事来却_____，我常常听得入了迷。

五、完成句子

1. 不管你怎么说，反正_____。

2. 反正_____，这一辈子总算没白活。

3. 反正能想的办法都想了，_____。

4. 这封信里我不想描写这里的风景，反正你_____，能亲眼看到。

5. 农村人刚到城里，生活再方便_____。

6. 只要心情愉快，就是工作再累一点，_____。

7. 俗话说"红花还要绿叶配"，配角"配"不好，_____，也不完美。

8. 如果这药真的很有效，它再苦_____。

六、用"作为"将下列每组句子合并为一句话

1. 她是国家女排主教练。她压力很大。

2. 北京大学是一所著名的高等学府。每年北京大学都要接纳很多来自全国各地的优秀学生。

3. 你是他的妻子。他得了这么重的病,你怎么能不管呢?

4. 我是班长。我应该在各方面做得更好些。

七、语段练习

1. 在已有方案的基础上提出新的主张。
先总括说明,逐一列举出已有的方案,再说出新的主张并列举实例。

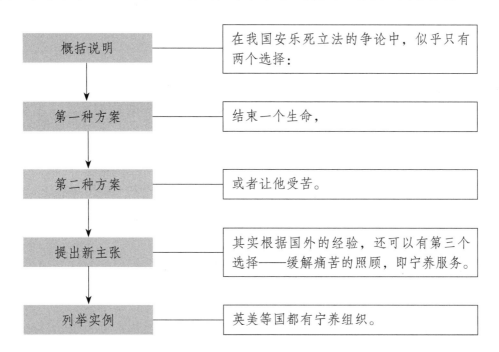

练习：用上述方式进行语段练习。

（1）人们常见的缓解压力的办法有哪些？你还有什么好的建议？

（2）你认为有效地提高口语表达能力的方法是什么？

2. 在谈话中承接对方的谈话并表明自己的想法。

在谈话中，听了对方的谈话后，我们一般首先要表明自己对对方谈话的态度，然后开始自己的谈话，表明自己的想法。表明对对方谈话的态度实际上是自己接过话题的承接手段。说话人可以赞同、反对，或直接，或委婉。我们来看几种方式。

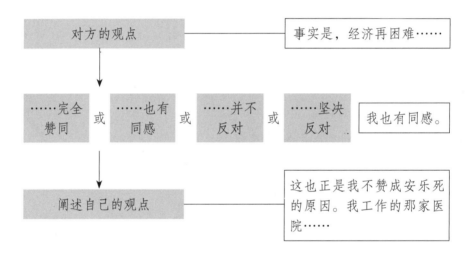

练习：请两人一组根据上述方式进行语段练习。话题自定。

第11课　给我一片蓝天

人生百态

1 绿色生活方式

说起保护环境，可能有人会说：治理水污染、保护大熊猫什么的，我们普通人帮不上忙啊。但在其他方面我们是不是也无能为力呢？

在北京，有这样一群人，他们爱吃、好吃，自称是"饭桶协会"。可是，最近他们有了一些改变。

俞老师是这个协会的发起人。当初，她把一群美食爱好者聚集在一起，到处寻找新开的饭馆。可是现在，她更愿意向同伴们介绍生活中的节能环保小窍门。去年，她亲眼见到了淮河污染的严重情况。有好几天，她吃也吃不下，睡也睡不着[1]。她要告诉人们，保护环境是每个人的事。此外，她还改变了家人的一些生活习惯。比如：外出吃饭自己带筷子，不用饭馆的一次性筷子；把洗菜的水留下，用来浇花、冲厕所；使用节能灯；垃圾分类；睡觉前关闭电源等等。虽然俞老师的这些做法给家人添了一些麻烦，但俞老师相信，会有更多的人理解她这么做的意义。环境问题是人类自己的活动造成的，俞老师的这种从细节做起的绿色生活方式，让我们看到了消除环境污染的希望。

思考题：1. 说说俞老师为保护环境做了哪些事。
2. 在你们国家，普通人是怎样保护环境的？

2 保护环境，我们做了些什么

主持人：1972年6月，113个国家在瑞典召开了联合国人类环境会议，通过了《人类环境宣言》。当年10月，第27届联合国大会正

式将6月5日定为世界环境日。从此，每到这一天，环境问题似乎就特别受人关注。然而，它真的是热门话题吗？我们真的重视它了吗？面对环境污染，我们做了些什么呢？今天，我们很高兴地请来了一些中外朋友，一起聊聊这个问题。

王先生：我先说两句。我的老家在农村，这些年每次回老家，最大的体会就是农民的生活好了，农村的环境却差了。由于忽视环境保护，大风一刮，纸屑、塑料袋满天飞；大风过后，树上、电线上挂满了废弃物。还有一些企业直接把没经过处理的污水和垃圾倒进河里，既污染了河水，也污染了用河水灌溉的土地。

刘先生：我也看到过很多这方面的报道。在一些污染严重的地区，大批鸭子被河水毒死，周围居民的患病率也非常高。环境污染已经直接威胁到他们的生命安全了，形势非常严峻。

赵小姐：所以我一直认为环境保护更多的应该是政府的责任和义务。有关部门应该承担起这个责任，严惩或关闭排污严重的企业。但考虑到经济利益，一些地方的政府部门对此只是睁一只眼闭一只眼[2]。

朴先生：我同意你的看法。每个人从小事做起保护环境当然是应该的，
（韩国）但效果和政府行为比起来，恐怕还是[3]微乎其微。韩国政府曾下令，餐馆禁止使用一次性筷子，一律用金属筷子，水杯也不能用一次性的。这样做既节约了大量的木材，又减少了垃圾的产生。所以我觉得政府的强制性措施是必要的，比单纯的宣传教育有效得多。

钱大伯：要是真的禁止使用一次性筷子，那会造成很多人失业啊。毕竟不少人在靠这个生活呢。

主持人：大伯说的是个实际问题。是不是我们发展经济，改善生活就一定要破坏环境呢？比如说汽车，从2001年到2010年，北京汽车数量从169.8万辆增长到480.9万辆，其中2009年就增加了将近80万辆。2012年2月北京的汽车数量超过500万辆。我们的生活是方便了，舒适了，但是空气呢？气温呢？北京汽车超过300万辆的那天，北京的最高气温是37度，创56年来同期之最[4]。为了缓解汽车拥堵，改善空气质量，北京陆续实行了汽车尾号限行措施和汽车限购政策。

赵小姐：所以有人倡导"每月少开一天车，还北京一片蓝天"。据说6月5号世界环境日那天，北京有20万人放弃开车，骑自行车或步行上班。

刘先生：唉，真是这也不行，那也不是。没汽车的时候向往有汽车的"现代化"生活，有了汽车又觉得骑自行车是最健康的绿色生活。

周阿姨：在我看来[5]，个人追求生活的舒适和方便，这没什么不合理。但是个人的合理加起来就可能造成整体的不合理。环境问题就是这么产生的。怎么办呢？第一，降低对生活的要求。比如开空调吧，调到26度不觉得热就行了，没必要非得20度，既浪费能源、污染环境，又容易得"空调病"。第二，加速科技发展，开发对环境无害的替代产品。中国从2007年7月1日开始全面禁止电冰箱、空调使用破坏臭氧层[6]的氟利昂[7]做制冷剂，要求采用新开发的环保产品，只不过这样做的成本是氟利昂的三四倍。

王先生：是啊，普通老百姓愿意为保护环境付出更多的费用吗？这又是一个问题。

主持人：我很赞同周阿姨的说法。在社会快速发展的某个时期，发展经济和保护环境肯定要发生矛盾，我们追求的应该是最小的破坏和最大的发展。

林女士：我愿意过简朴的生活。香港有一位众人皆知的环保人士周兆祥先生。他是大学教授，多年来一家四口居住在远离闹市的田园寓所，不看电视，不用手机，不进超市，不用塑料袋，不用洗洁精，吃自己种的有机蔬菜，骑自行车。他们认为生活的富足不在于吃多少穿多少，而在于[8]精神的富足。

约　翰：说实在的，我很佩服这位教授，不过能这么做的人毕竟很少。
（美国）我觉得最重要的是培养孩子的环保意识。对孩子们来说，也许保护环境这几个字太抽象了。美国很多学校的做法是带孩子去参观农场，让孩子们从小就认识自然，了解人类和自然的关系。随着年龄的增长和知识的丰富，他们慢慢会懂得什么是环境保护，会主动地保护环境，保护自己的家园。

主持人：环境保护不是一两个人的事，也不是一代人两代人的事。环境保护任重道远。

讨论题：1. 你认为环境保护更多的是政府的责任还是个人的责任？
2. 发展经济和环境保护是一对矛盾吗？怎么处理它们之间的关系？结合你们国家的情况谈一谈。

专家视角

珍·古道尔的环保理念

珍·古道尔的名字对许多人来说并不陌生。从 26 岁开始，她独自在非洲的原始森林中研究黑猩猩，与黑猩猩风雨相伴几十年。她的爱心、毅力、才智和热情感动了很多人。

近年来，古道尔走出了丛林，致力于[9]一个叫"根与芽"的青少年环境教育项目。这个项目现已在 80 多个国家开展，有 7000 多个学校和社区参与，参加者包括从幼儿到大学生等不同年龄段的人。"根与芽"的理念有三个方面：关注环境、关爱动物、关心社区。

珍·古道尔说，完美的世界是人和自然和谐相处，而不是破坏自然。有了这样的理解，我们在向自然索取的时候就会全面考虑。对物质的无休止的索取是很可怕的，这是生活方式的问题。一方面，富裕阶层在贪婪地追求他们根本不需要的东西；另一方面，在广大地区，人们还非常贫穷，他们不得不破坏自然，因为他们要寻找可以种植玉米的土地，除此之外他们没有其他谋生的方法。所以我们得做两件事：一方面帮助穷人获得较好的生活，接受更多的教育；另一方面我们要试着说服富裕的人们，不要消耗那么多的物资。我们可以让人们相信，每个人每天都可以让世界改变。

生词

1	治理	zhìlǐ	动	to harness (a river), to tame
2	无能为力	wú néng wéi lì		powerless, helpless
3	饭桶	fàntǒng	名	rice bucket, big eater, gourmand
4	协会	xiéhuì	名	association, confraternity
5	发起	fāqǐ	动	to initiate, to sponsor

6	窍门	qiàomén	名	key (to a problem), knack, trick
7	淮河	Huái Hé	专名	Huai River, originating in Henan Province and flowing through Anhui and Jiangsu provinces
8	分类	fēn lèi		to classify
9	细节	xìjié	名	details, specifics
10	消除	xiāochú	动	to eliminate, to clear up
11	关注	guānzhù	动	to pay close attention to
12	纸屑	zhǐxiè	名	scraps of paper
13	灌溉	guàngài	动	to irrigate
14	微乎其微	wēi hū qí wēi		very little, negligible
15	金属	jīnshǔ	名	metal
16	强制	qiángzhì	动	to force, to compel
17	造成	zàochéng	动	to give rise to, to cause
18	改善	gǎishàn	动	to improve, to make the situation better
19	倡导	chàngdǎo	动	to sparkplug, to propose
20	向往	xiàngwǎng	动	to yearn for, to look forward to
21	替代	tìdài	动	to substitute (for), to replace
22	简朴	jiǎnpǔ	形	simple and unadorned, plain
23	众人皆知	zhòng rén jiē zhī		as is well known
24	闹市	nàoshì	名	downtown area
25	田园	tiányuán	名	fields and gardens, countryside
26	寓所	yùsuǒ	名	residence, dwelling
27	有机	yǒujī	形	organic
28	富足	fùzú	形	affluent, rich
29	抽象	chōuxiàng	形	abstract

30	任重道远	rèn zhòng dào yuǎn		shoulder heavy responsibilities over a long period ahead
31	理念	lǐniàn	名	idea, rational concept
32	黑猩猩	hēixīngxing	名	chimpanzee
33	风雨相伴	fēng yǔ xiāng bàn		to accompany eath other whether wind or rain
34	毅力	yìlì	名	willpower, perseverance
35	芽	yá	名	bud, sprout
36	和谐	héxié	形	harmonious
37	索取	suǒqǔ	动	to ask for, to exact
38	无休止	wú xiūzhǐ		endless, perpetual
39	贪婪	tānlán	形	avarice, greedy
40	谋生	móushēng	动	to earn a living, to seek a livelihood
41	消耗	xiāohào	动	to consume, to use up
42	物资	wùzī	名	materials, goods and materials

注释

1 吃也吃不下，睡也睡不着

"A 也 A 不……，B 也 B 不……"，汉语中常用表达格式。

副词"也"前后重复一个动词（多为单音节动词），后面是带"不"的可能补语的否定形式，强调不管如何动作，也达不到"动词＋补语"的状态。例：

① 这事真难办呀，我走也走不了，留也留不下。

② 中国这么大，比这里美得多的风景区，数也数不完，说也说不尽。

2 睁一只眼，闭一只眼

比喻对不好的或不应该的事不关心、不理睬、不管。例：
① 不合理的事多啦，你管得了吗？算了，睁一只眼闭一只眼吧。
② 我只想做好自己的工作，对公司里的其他事从来都是睁一只眼闭一只眼。

3 A 和 B 比起来，恐怕还是……

A 和 B 比较的话，结果是……。"还是"表示比较以后的一种选择，也使语气比较委婉。例：
① 我觉得，俄语和英语比起来，恐怕还是俄语的发音更难些。
② 这种病，西药和中药比起来，恐怕还是西药见效更快。
③ 他的汉语已经说得相当不错了，但和他的英语比起来，恐怕还是差一些。

4 创……之最

在……当中，创造了最高的纪录。例：
① 在这次茶叶展销活动中，我们的销售额达到 26 万元，创此类活动之最。
② 北京奥运圣火的传递时间长达 130 天，创历史之最。

5 在……看来

介词"在"与动词"看来"之间常放入人称代词或表示称谓的名词，表示某人的看法。"来"已经没有实际意义。整个格式常放在句首，作状语。例：
① 在我看来，这些问题是不难解决的。
② 在小赵看来，小高这几年变了很多，好像换了个人一样。

6 臭氧层

自然界中的臭氧有 90% 集中在距地面 1km 至 50km 的大气平流层中，即所谓的臭氧层。臭氧层是人类和其化生物的保护伞，它吸收了来自太阳的大部分紫外线。

7 氟利昂

英文"Freon"的音译。曾主要作为冰箱、空调的制冷剂。

8 不在于……，而在于……

"在于"表示由……决定。"不在于……，而在于……"是否定前者，肯定后者。例：

① 这些困难能不能克服不在于我是不是帮你，而在于你是不是努力。
② 他的成功不在于他有特殊的本领，而在于他抓住了机会。
③ 能否理解这篇文章不在于认识多少单词，而在于有没有丰富的生活经验。

9 致力于

把力量用在某个方面。"于"的意思为"在"。例：

① 老赵虽然退休了，但没有在家安度晚年，而是致力于社区老年活动中心的建设。
② 新一届市政府将致力于提高市民的总体生活质量。

练习

一、画线连词

改变	能源	加速	食品
消除	土地	谋生	方式
威胁	习惯	替代	产品
节约	污染	有机	发展
灌溉	生命	生活	方法

二、下列每组词语中，有一个词与其他几个不同，请把它找出来

1. 富裕　　财富　　丰富　　富足　　富强
2. 威胁　　恐吓　　逼迫　　吓唬　　威望
3. 亲切　　亲身　　亲眼　　亲手　　亲耳
4. 关注　　关口　　关心　　关怀　　担心

三、选词填空

　　资助　　帮助

1. 新来的同学在学习上有些困难，我们尽量＿＿＿＿＿＿＿＿他吧。
2. 这所希望小学是在社会各界的大力＿＿＿＿＿＿＿＿下修建起来的。

　　说服　　劝说

1. 老陈是个固执的人，你要＿＿＿＿＿＿＿＿他可不那么容易。
2. 在大家的＿＿＿＿＿＿＿＿下，病人终于答应配合医生进行治疗。

　　关注　　关心

1. 全球气候变暖引起了世界各国的广泛＿＿＿＿＿＿＿＿。
2. ＿＿＿＿＿＿＿＿、帮助贫困失学儿童是全社会的责任。

　　严峻　　严肃

1. 有什么好笑的？别笑了，＿＿＿＿＿＿＿＿点儿。
2. 除了环境问题，人口老龄化问题是我们面临的另一个＿＿＿＿＿＿＿＿的现实问题。

　　放弃　　抛弃

1. 考虑再三，我还是决定＿＿＿＿＿＿＿＿这个出国留学的机会。
2. 这种陈旧落后的观念早就该＿＿＿＿＿＿＿＿了。

> 了解　理解

1. 多＿＿＿＿一些自然科学知识有助于青少年的全面发展。
2. 这篇文章看起来好像不难，但它的深刻含义却不容易＿＿＿＿。

> 广大　广泛

1. 有关部门将在市民中＿＿＿＿开展遵守交通规则的宣传教育活动。
2. 中国＿＿＿＿西部地区的经济发展远远落后于东部沿海地区。

> 感动　激动

1. 经过艰苦的比赛，中国乒乓球队终于赢得了世界乒乓球锦标赛男子团体冠军，队员们流下了＿＿＿＿的泪水。
2. 我被小说的情节深深地＿＿＿＿了。

四、用指定格式完成对话

> A 和 B 比起来，恐怕还是……

1. A：老师，下学期我是继续在北京学习汉语呢，还是去上海换个环境呢？

   B：上海和北京＿＿＿＿＿＿＿＿＿＿＿＿＿＿＿＿＿＿＿＿＿＿＿＿＿＿。

2. A：你爱吃粤菜还是爱吃川菜？

   B：粤菜和川菜＿＿＿＿＿＿＿＿＿＿＿，因为＿＿＿＿＿＿＿＿＿＿。

3. A：我还没想好这个工作让谁做。

   B：李平和赵东＿＿＿＿＿＿＿＿＿＿＿＿＿＿＿＿＿＿＿＿＿＿＿。

> 在……看来

1. A：现在中国的独生子女真是父母的宝贝。

   B：可不是嘛，_____。

2. A：你觉得对普通老百姓的生活来说，什么最重要？

   B：我觉得_____。

3. A：去医院检查了吗？医生怎么说？

   B：检查了。_____。

五、根据情景用指定格式说句子

> A 也 A 不……，B 也 B 不……

1. 这两天我的腰疼得厉害。

2. 偏偏在半路上遇到这么坏的天气。

3. 真糟糕，桌子不大不小正好卡在门框上。

4. 当时的场面尴尬极了。

> 不在于……，而在于……

1. 朋友告诉你他保持身体健康的秘诀。

2. 这本书很受欢迎。

3. 有的人很有钱，但并不感到幸福。

六、语段练习

1. 对比现在和过去的不同：

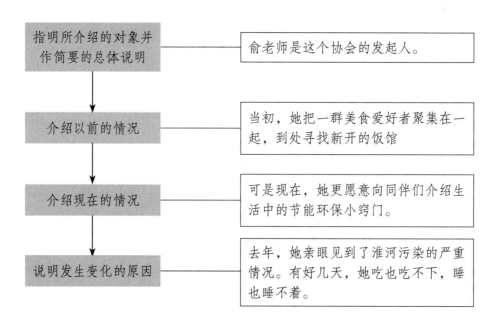

练习：按上述框架顺序给下列句子排序

（1）他干过很多工作，记者、党委书记、企业家。

（2）起初治沙种草是为了繁育良种山羊，为集团提供原料；但是后来治沙种草成了王明海生活中不可缺少的一部分。

（3）现在，他已辞去集团职务，一心一意从事沙漠治理。

（4）王明海是一个精明的中国汉子，曾任鄂尔多斯羊绒集团副总裁。

2. 当你想阐明一个观点时，用下列框架结构可以使论述条理清楚，具体直观，说服力强。

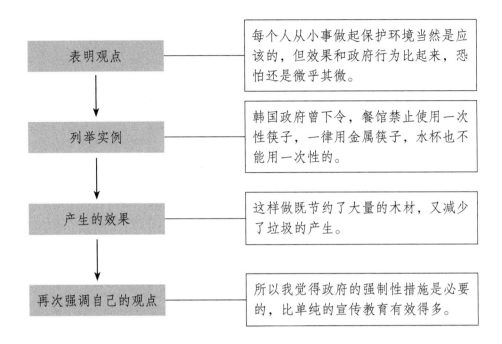

练习：用上述框架结构论述
（1）大力发展公共交通是解决交通堵塞问题的好办法。
（2）任何一种锻炼方法，只要坚持，就能见效。

第12课 话说广告

人生百态

我看广告

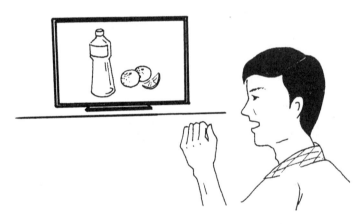

说起[1]广告，我是又爱又恨。先说这恨：我是球迷，有一回我要收看中意足球对抗赛。电视台预告晚上7:30开始，我早早地干完别的事儿，准时等在电视机前。结果呢，左一个广告右一个广告[2]。你等吧，心里着急；不等吧，又怕转播开始[3]。心想这个广告完了总[4]该开始了吧，可下一个还是广告，你说我难受不难受？恨不恨这广告？再比如吧，我坐火车，车上不停地播广告，想安静地休息会儿都不行，要么硬着头皮[5]听，要么堵上耳朵[6]。说实话，有时候我真想冲进播音室问问播音员，她有什么权力强迫我听广告。当时我真恨死了广告。

不过话又说回来，广告也有它可爱的一面。我从广告中得到很多商品信息，买东西时就有了目标，也有了比较，这就节约了许多时间和精力；而且，好的广告也确实是一种艺术，生动的语言、优美的音乐、悦目的画面，真让你觉得看广告是一种享受。

总之，广告既给我带来了方便，也给我增添了烦恼，它有时让我很无奈，但也使我的生活变得丰富多彩。

思考题：1. 谈谈"我"对广告的看法。
　　　　2. 你是怎么看待广告的？

实话实说

广告专家谈

人　物：记者
　　　　李先生：社会学者
　　　　路先生：著名广告策划人

记　者：二位晚上好！最近我常听一些人抱怨，说广告太多了，弄得他们心烦意乱。李先生，我不知道您是怎么看这个问题的，您认为现在的广告是多还是少？

李先生：我看恐怕是太多了。打开电视，这个频道是广告，换个频道还是广告；打开电脑，首先跳出来的是广告，甚至收到的电子邮件也有广告；走在路上，街头巷尾四处是张贴的广告，公共汽车车身上也是广告。我们简直没办法躲避广告。

记　者：路先生，您也这样认为吗？

路先生：我觉得问题没这么严重。从总体来看，我国的广告还很少很少。我国的广告费用与国内生产总值的比例只有1.4%，而美国、日本等发达国家最少也有3%。跟人家比，我们还差得远呢。

记　者：您是用数字来做对比，能不能再说得具体些？

路先生：比如在美国，每个家庭平均每年要看3万个广告，这是指电视广告，还不包括其他形式的，如果每条广告30秒，每天的82条广告就需要41分钟。

李先生：那么多人，花那么多时间看广告，您不觉得这是在浪费生命吗？

路先生：但是不可否认的是，广告多说明经济发达。这一点从我国就可以看出来，东部沿海地区经济发达广告就多，广告多了，又推动经济的发展；而中部地区广告不够多，经济也不够发达；西部就更少了。中央电视台第二套节目曾推出农业扶贫广告，不就是为了广泛宣传中西部农副产品，帮助他们发展经济吗？

记　者：这里路先生又引出一个新的话题，就是广告与经济的发展关系密切。李先生同意吗？

李先生：我觉得这么说太绝对，广告好不一定商品就好，不是谁的质量好广告人就给谁做广告。如果只在广告上做文章[7]，而不抓质量，那厂家的利益也只能是暂时的。

路先生：但对一个不太出名的产品来说，如果不做广告，别人又怎么知道它呢？又怎么促进它的发展呢？这好比[8]一个小孩，开始他不是班长，也有缺点，后来当了班长，被宣传的同时也接受同学们的监督，那他就会进步。产品被宣传了，它就会改进，不但能给厂家带来利润，而且促进生产力向前发展。

记　者：那可不可以进一步这样说，如果一个企业产品很好，可他的广告做得不好，就会影响企业的效益？

路先生：是的。你看世界上的名牌如可口可乐、百事可乐、耐克，都离不开强大的广告支持。

李先生：对，广告对这些名牌的作用显而易见，但也不要忘了，这些名牌也得靠其他的力量。质量管理、售后服务等等都影响到这个企业能不能赚钱，广告的作用恐怕没有您说的那么大吧？

路先生：显然您有一种反商情绪，恨不得没有广告才好。其实恰恰相反，广告是传播信息的一个非常重要的渠道，我们应该充分利用这个渠道促进经济的发展。

记　者：由于时间关系，今天只能请两位专家先谈到这儿。谢谢两位今天使我们听到了不同的观点，以后有机会我们会再就[9]广告问题进行交流。

练习题：1. 分别谈谈路先生和李先生的观点。
　　　　2. 如果是你回答记者的问题，你会怎么说？

专家观点

中国广告业的复苏有近30年的历史，其发展速度令人吃惊。仅以北京为例，自1987年至1996年十年间，注册的广告公司数量扶摇直上，1996年在册的公司已是十年前的412倍，广告经营额也增长了31倍。2013年，中国的广告费约1285.3亿美元。可以说，广告是信息时代的面孔，没有广告的现代生活几乎是不可想象的。

尽管如此，人们对广告的态度仍褒贬不一[10]。认为广告太多太滥的人说它已经到了无孔不入的程度；认为广告少的人则用与发达国家的数字对比作为依据，来说明中国的广告还只是刚刚起步。喜欢广告的人说它能传播经济信息，推动经济的发展，好的广告还能使人心情愉快；讨厌广告的人说它使都市充满诱惑与浮躁，让人变得"恍恍惚惚"。

烦也好，爱也罢，毕竟广告在中国已经以各种各样的形式渗入到社会生活的方方面面，成为今天不可缺少的行业之一。这或许是社会和经济发展的必然趋势吧。

生词

1	对抗	duìkàng	动	to resist
2	强迫	qiǎngpò	动	to force, to compel
3	信息	xìnxī	名	information
4	生动	shēngdòng	形	vivid
5	悦目	yuèmù	形	good-looking
6	丰富多彩	fēngfù duōcǎi		rich and varied
7	抱怨	bàoyuàn	动	to complain
8	心烦意乱	xīn fán yì luàn		to be terribly upset
9	频道	píndào	名	channel
10	街头巷尾	jiē tóu xiàng wěi		street corners and alleys
11	张贴	zhāngtiē	动	to put up
12	扶贫	fúpín	动	to help poor people, to aid a poverty stricken area
13	促进	cùjìn	动	to accelerate
14	监督	jiāndū	动	to supervise
15	改进	gǎijìn	动	to improve
16	利润	lìrùn	名	profit
17	显而易见	xiǎn ér yì jiàn		obviously
18	渠道	qúdào	名	channel, means
19	复苏	fùsū	动	to recover
20	注册	zhùcè	动	to register

21	扶摇直上	fúyáo zhí shàng		to rise steeply
22	面孔	miànkǒng	名	face
23	褒贬	bāobiǎn	动	to appraise, to pass judgement on
24	滥	làn	形	excessive
25	无孔不入	wú kǒng bú rù		to penetrate everywhere
26	起步	qǐbù	动	to start to develop
27	传播	chuánbō	动	to spread
28	诱惑	yòuhuò	动	to tempt
29	浮躁	fúzào	形	impulsive
30	恍惚	huǎnghū	形	absent-minded
31	渗入	shènrù	动	to infiltrate

注释

1 说起（提起、谈起）……

开始一个新的话题时，用这个句式开头。用来引起对方注意。例：
① 提起"幸福工程"，你也许不太熟悉。
② 说起苏州，人们一定会想到它的园林艺术。

2 左一个广告右一个广告

"左……右……"中间放入两个相同的数量词（数词只限于"一"），表示数量多或次数多；中间放入两个相同或意义相近的单音节动词，表示同一行为多次重复。例：
① 不知他家里出了什么事，他妻子左一个电话右一个电话催他回去。
② 为了办这件事，我左一趟右一趟，腿都跑细了。
③ 我左思右想，终于决定先不回国。

3 你等吧,心里着急;不等吧,又怕转播开始

"A 吧,……;不 A 吧,又……","A"与"不 A"为相反的两个动作。"……"代表动作产生的结果,"A"和"不 A"的结果都不令人满意,因而说话人很矛盾,不知道怎么办才好。例:

① 别人送我一张芭蕾舞票。去看吧,就没有时间准备明天的考试了;不去看吧,又觉得挺遗憾。

②(我去别人家做客,主人给我夹了很多菜)吃吧,实在是吃不下;不吃吧,又不礼貌。

4 总

表示很有把握的推断。副词。例:
① 母亲打孩子,不是她的孩子不学好,就是孩子不听话,总是有原因的。
② 小王是谁呀?总不会是他的名字吧!

5 硬着头皮

虽然不愿意或困难很大,但因为没有别的办法,只好勉强去做。例:
① 虽然药很苦,但为了治好病,硬着头皮也得把药喝下去。
② 这门课我一点儿也不感兴趣,但为了拿到学分,我只好硬着头皮学。

6 要么……,要么……

表示选择关系的并列复句,连接两种对立或相反的情况,必须从中选择一个,不是这个就是那个,没有别的可能。例:
① 要么他向我道歉,要么我俩从此不再来往,没有别的办法。
② 以前的演出,要么只是唱,要么只是跳,像这样又唱又跳的还没有过。

7 做文章

比喻抓住一件事发表议论或在某件事上下功夫，想办法。例：
① 要想赢得信誉，必须在产品质量上做文章。
② 他这个人呀，能力不强，就会在搞关系上做文章。

8 好比……（一样）

常用比喻格式。A 和 B 有相似的地方，为了更生动地描述 A，借用 B 加以说明。例：
① 脸被寒风吹得很疼，好比用刀子割一样。
② 人的生长需要营养，好比植物生长需要阳光、空气和水。

9 就

介词。表示动作的对象或范围。例：
① 两国领导人就双方共同关心的国际问题进行了会谈。
② 老师们就新教材的优缺点谈了自己的看法。

10 褒贬不一

"AB 不一"，"不一"指不相同。A、B 是相对或相反的两个形容词。例：
长短不一　　快慢不一

练习

一、画线连词

问题	信息		广泛	密切
传播	吃惊		必然	信心
节约	严重		关系	趋势
令人	时间		充满	宣传

二、下列每组词语中，有一个词与其他几个词不同，请把它找出来

1. 打开　　　翻开　　　拉开　　　忙开　　　掰开
2. 可能　　　可爱　　　可怜　　　可恨　　　可笑
3. 浪费　　　节约　　　节省　　　节俭　　　俭朴
4. 发达　　　落后　　　领先　　　一流　　　先进
5. 广告　　　广泛　　　宽广　　　广阔　　　广大
6. 支持　　　持久　　　支援　　　扶助　　　扶持
7. 各种各样　各家各户　各就各位　各方各面　各行各业

三、选词填空

1. 她从小家里条件比较好，没缺过钱，现在这样的生活条件她怎么能不_____（抱怨/埋怨）呢？
2. 我们每天早晨8：00_____（按时/准时）上课，请大家不要迟到。
3. 作业中的错误要及时_____（改进/改正）。
4. _____（利用/使用）任何一种家用电器以前都应仔细阅读说明书。
5. 他的建议在会上被大家_____（否定/否认）了。
6. 奶奶左哄右哄，孩子才_____（勉强/强迫）吃了几口饭。
7. 民意调查表明，反对党得到了民众更多的_____（支援/支持）。

四、选择恰当词语填空

| 硬着头皮　堵　话又说回来　优美　无奈　心烦意乱 |
| 简直　差得远　抓　就　显而易见　恨不得 |

1. 运动员_____的动作赢得了观众热烈的掌声。

2. 老李最不爱麻烦别人了，为了女儿上学的事，他只好_____去求老同学。

3. 改革开放给中国带来的变化是_____的。

4. 名牌商品都比较贵，不过_____，质量也比较好。

5. 请同学们_____"谦虚"这个问题谈谈自己的看法。

6. 连续遇到的几件麻烦事弄得他_____。

7. 我_____不敢相信这是真的！

8. 小刘今天上班又迟到了。不过这也不能怨他，他上班走的那条路，_____车是常有的事。

9. 当着那么多人的面闹了个笑话，我真觉得不好意思，_____找个地方藏起来。

10. 和张教授比起来，我的书法水平还_____呢。

11. 要解决13亿中国人的吃饭问题，必须_____好粮食生产。

12. 眼看到手的野兔又跑掉了，猎人_____地摇了摇头。

五、用指定词语格式改写句子

> 左……右……

1. 我说了半天，他总算答应了。

2. 我想来想去，也想不出什么更好的办法。

3. 这是老城区，小胡同很多，很容易迷路。

> 要么……要么……

1. 想打电话找你可真难，不是电话占线，就是你不在。

2. 不知约翰这几天怎么了，上课的时候或者打瞌睡，或者走神，以前他可是很认真的。

3. 我们只有一个下午的游览时间，颐和园和天安门只能去一个地方。

六、用指定词语或格式完成句子

> 总

1. 大雨已经下了两天两夜了，今天＿＿＿＿＿＿＿＿＿＿。

2. 小沈你不认识，他姐姐＿＿＿＿＿＿＿＿＿＿，她跟你可是在一个公司啊。

3. 都晚上10点了，就算她加班到8点，现在也＿＿＿＿＿＿＿＿＿＿。

> A吧，……，不A吧，又……

1. 假期去不去旅行我还没想好，＿＿＿＿＿＿＿＿＿＿。

2. 他求我办的这事我真有点儿为难，＿＿＿＿＿＿＿＿＿＿。

3. 真不知道该不该相信小白说的话，＿＿＿＿＿＿＿＿＿＿。

七、语段练习

1. 从不同角度列举事实，来论证一个观点或描写一种情况。列举事实的几个句子在结构上是并列关系，没有主次之分，几个句子的述题通常是平行的：

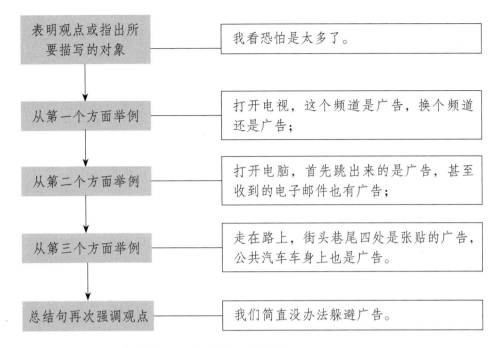

练习（按照上述框架就提示内容说两段话）：

（1）成功靠的是勤奋。……，所以……。

（2）春天到了，公园里处处盛开着鲜花。……走进公园好像走进了花的海洋。

2. 从正、反两方面论述一个问题：

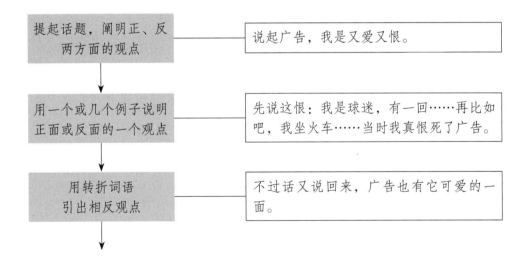

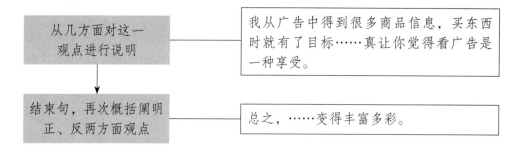

练习（按下列格式根据提示情景说两段话）：

说起……，我又……又……。先说……（举一两例）不过话又说回来，……（说明）……。总之……。

（1）是否买汽车，我很矛盾。
（2）在中国生活有满意也有不满意的地方。

第13课 让我们关注生活质量

专家视角

什么是"生活质量"

  "生活质量"这个概念,是20世纪50年代由美国经济学家提出的。它与社会的物质文明程度密切相关。物质生活水平和质量大幅度提高后,人们对文化教育和精神消费的需求也就越来越高了。当然,除了这些以外,人们还需要干净的河流、清新的空气。这说明,人类社会正在进入一个关注文化精神、生态环境以及情感梦想的阶段。
  生活质量包含的主要内容是:在物质文明极大提高的基础上,能

够满足人们不断增长的文化教育消费和环境生态需求。具体地说就是，服务业将越来越重要，成为主导部门。医疗、教育、文化娱乐、旅游等服务部门加速发展，为人们提供更丰富多彩的生活。同时，追求生活质量也必须认真处理和解决环境污染、城市交通拥挤和人口过密等问题。如果这些问题得不到解决，生活质量就无从谈起[1]。

思考题： 用自己的话谈谈你对"生活质量"的理解。

实话实说

"生活质量"师生谈

学生1：曹老师，最近我们经常听到一个词，就是"生活质量"。生活质量和经济水平是一回事吗？它们有什么关系呢？

曹教授：经济水平不等于生活质量，但是经济水平是生活质量的基础。如果一个人没吃没穿[2]，他就不会关注生活质量。

学生1：这么说，生活质量主要指的不是物质文明。生活水平提高后，很多人在衣食住行上差别不大，但不能说他们的生活质量没有差别。是这样吗？

曹教授：是的。现在社会上对生活质量有一种误解。长期以来，人们总是把物质生活水平的高低作为衡量生活质量的唯一或重要标准，认为有钱就是生活质量高，其实这是不正确的。

学生2：就目前的情况而言[3]，中国居民的消费已经和以往大不一样了。

曹教授：的确如此。比如，以前人们的吃、穿、用都讲究实用，而现在旅游、娱乐、健身、交往以及提高自身素质在消费中逐渐唱了主角[4]；以前人们看重质量和价格，现在更看重样式、颜色和舒适。这就是说，人们的消费不只是物质消费了，科技消费、休闲消费、保健消费、文化消费所占的比重越来越大了。

学生3：假如我有很多钱，但我把它们存在银行里，我的消费只是买一些生活必需品，这是不是说明我的生活质量不高呢？

曹教授：对。表面上这是消费水平问题，实际上[5]它反映了人们的消费观念和生活观念。

学生3：那什么样的生活是高质量的生活呢？

曹教授：这要因人而异。生活质量可以从收入、健康、居住条件、社区居住环境、婚姻家庭、教育、就业和闲暇生活等众多方面进行评价。不过我觉得闲暇生活的质量和品位，很能说明生活质量的高低。比如在闲暇时间里，北京居民看电视的时间最长，平均每天每人看电视2小时39分钟，占闲暇时间的46%；游园散步时间是29分钟；打麻将、下棋、打牌等娱乐时间是23分钟；体育锻炼只有13分钟。所以说，现在北京居民的闲暇生活质量并不高。

学生3：　最能体现闲暇生活质量的是什么呢？

曹教授：　我认为是旅游。因为旅游与经济收入、闲暇时间的关系最密切。有钱有闲才能出游。

学生2：　我认识的一些人，有钱也有闲，但不知道怎么消费，怎么享受。所以我认为应该提高人们的科学文化水平和艺术修养，提高人的素质，让人们有享受的能力。

学生3：　我们在讲提高生活质量的时候，也特别应该保护生态环境。人类需要物质生活和精神生活，也绝不能缺少生态需求。社会越进步，人们对生态环境的要求就越高。可是现在有些人以提高生活质量为[6]理由，破坏环境。这是很愚蠢的。

学生4：　我觉得评价生活质量的高低除了一些客观指标以外，居民们主观的"幸福感"也挺重要的。

曹教授：　你说得有道理。如果不充分考虑城市居民的"幸福感"，生活质量的评价就没有说服力，毕竟生活质量是要体现在居民的感受里的。比如上海和北京的房价上涨得非常快，这两个城市的居住质量就不能只看人均居住面积，还应该考虑居民由于购买住房而负担的债务，否则就会忽略居民的"幸福感"。

学生4：　有没有这种情况：一个城市经济发展得很快，可是居民的生活质量却没有明显的提升？

曹教授：　当然有。出现这种现象有很多原因。可能是环境质量太差，比如经常出现"雾霾"天气；或者居民的"隐性支出"太大，比如家长为了让子女上一个好学校而[7]付出昂贵的"择校费"；也可能是城市管理不够完善，或者公共服务水平太低；等等。这些问题应该引起城市管理者的重视，因为城市发展的最终目标是让每个市民幸福地生活。

讨论题：1. 用实例说明什么样的生活是高质量的。你怎样评价自己的生活质量？
2. 你认为应该怎样处理提高生活质量和保护生态环境的关系？

权威发布

北京城区居民生活质量的变化

与几年前相比，北京市东城区、西城区居民的生活质量略有提高。几年来这两个城区居民的健康生活质量、经济生活质量、职业生活质量和闲暇生活质量都有了不同程度的提高，而教育生活质量、居住生活质量、社区环境生活质量和婚姻家庭生活质量则[8]有了不同程度的下降。

几年来，居民的生活发生了多方面的变化：工作学习时间增加了，家务劳动和闲暇时间减少了；居民健康生活质量明显改善，但是看病难、看病贵仍然是居民最担心的问题；人们对工作的满意度明显提高；收入水平和消费水平都有所提高，但对生活水平的主观满意度却有所下降；日常闲暇活动比较贫乏；邻居之间"串门"的次数和时间减少了。

思考题：1. 用自己的话概括说明北京城区居民生活质量的变化。
2. 利用网络查找资料，介绍你所在的城市居民生活质量的变化。

生词

1	概念	gàiniàn	名	concept, notion
2	幅度	fúdù	名	range, scope
3	生态	shēngtài	名	modes of organic life and their relation to the environment, ecology
4	密	mì	形	dense, thick

5	一回事	yì huí shì		one and the same (thing), same
6	误解	wùjiě	名/动	misunderstanding; to misunderstand
7	健身	jiànshēn	动	to do physical exercise and get fit
8	因人而异	yīn rén ér yì		to differ from person to person
9	社区	shèqū	名	community
10	品位	pǐnwèi	名	quality, grade
11	麻将	májiàng	名	mah-jongg, mah-jongg tiles
12	娱乐	yúlè	名/动	amusement, recreational activities; to amuse, to entertain
13	修养	xiūyǎng	名	accomplishment, selfcultivation
14	愚蠢	yúchǔn	形	stupid, foolish
15	客观	kèguān	名	objectivity
16	主观	zhǔguān	名	subjectivity
17	说服力	shuōfúlì	名	persuasion
18	上涨	shàngzhǎng	动	(river, price etc.) to rise
18	忽略	hūlüè	动	to neglect, to lose sight of
19	提升	tíshēng	动	to promote, to upgrade
20	雾霾	wùmái	名	fog and haze
21	隐性	yǐnxìng	形	recessive
22	昂贵	ángguì	形	expensive, costly

注释

1 无从谈起

不知道从哪儿开始说。常用在条件句的后一分句，表示如果前面的条件满足不了，后面的结论或结果就没有谈论的依据，当然更不可能实现。也可以表示因为没有根据而不值得谈论。例：

① 不掌握基本词汇和基础语法，交际就无从谈起。
② 如果孩子总是紧张焦虑，心理健康当然无从谈起。
③ 不普及基础教育，提高全民族的素质就无从谈起。

2 没……没……

由动词"没"连用构成的"没……没……"格式，意义和用法如下：
（1）放入两个同义、同类或相反的单音节名词、动词或这类词的语素，强调没有。例：
① 她自己没儿没女，看见别人的孩子就喜欢。
② 这讨厌的雨，怎么下起来没完没了呢！
（2）放入两个意思相反的单音节名词、形容词，表示应该区别而没有区别。例：
③ 他没日没夜地工作，最后生病住院了。
④ 西方人觉得直接叫父母的名字很正常，东方人却觉得这是不懂规矩，没大没小。
⑤ 小李这人哪儿都好，就是有时候说话没轻没重，容易得罪人。

3 就……而言

用来表示从某方面进行论述说明，多用于与其他人、其他事物相比较。有时也说"对……而言"。区别在于："就……而言"指谈论的内容，"对……而言"指关涉的对象。例：
① 就这个项目而言，王红是最理想的负责人。
② 对张军而言，口语是他最弱的部分。

4 唱主角

比喻承担主要任务或在某方面起主导作用。例：

① 今年的春夏装,黑白将唱主角。

5 表面上……实际上……

用来表明外表和内在的不同,语意重点在后半句;也可用于通过表面现象揭示深刻内涵。例:

① 他表面上每天高高兴兴的,实际上内心很郁闷。
② 这个问题表面上很容易解决,实际上操作起来有很多困难。
③ 你们的争吵表面上是因为钱,实际上是生活观念的不同。

6 以……为……

把……当作……。"以"后面可以是名词、动词性结构、形容词或句子。"为"的后面常是名词、形容词。例:

① 现代汉语普通话以北方话为基础。
② 这个俱乐部以"环保、健康、实践、成长"为理念,为大学生服务。
③ 在他看来,服装以展现个性为美。

7 为了……而……

"为了"的后面是原因或目的,"而"的后面是采取的行动或结果。例:

① 他们为了让孩子上个好学校而搬到了这儿。
② 很多人为了过上更好的生活而拼命工作。
③ 他为了帮助突发急病的路人而上班迟到了。

8 ……,而……则……

"而"表示转折,"则"表示前后对比。第二个分句的主语应该在"而"后边。例:

① 老李习惯早晨散步,而老刘则习惯晚上散步。
② 爸爸主张让孩子快乐自由地成长,而妈妈则希望孩子多学点儿东西。

练习

一、画线连词

密切	需求	物质	锻炼
教育	过密	衡量	文明
生态	相关	提高	观念
满足	消费	消费	水平
人口	环境	体育	标准

二、下列每组词语中，有一个与其他几个不同，请把它找出来

1. 密切　　情感　　环境　　梦想　　精神
2. 完满　　满足　　美满　　满意　　圆满
3. 说服力　幸福感　唱主角　可能性　满意度
4. 减少　　增加　　提升　　改善　　明显
5. 负担　　债务　　质量　　道理　　指标

三、选词填空

　　体现　　表现

1. 这首诗_____出诗人失恋后的苦闷心情。

2. 这次募捐活动的顺利进行_____了社会各界对受灾群众的关爱。

　　忽略　　忽视

1. 反正已经投入了那么大一笔资金，这点儿小开销可以_____不计了。

2. 青少年心理健康问题关系到家庭的幸福和社会的稳定，不容_____。

密切　紧密

1. 我和小郭从小一起长大，关系_____，可以说无话不谈。

2. 学过的知识只有和现实生活_____结合起来，才能更好地被理解和运用。

素质　质量

1. 提高教育水平是提高全民_____的前提条件。

2. 谁不想过高_____的生活呢？

毕竟　究竟

1. 你去劝劝他吧，也许他会听你的，_____你是他最好的朋友。

2. _____这件事该怎么处理，我还没想好。

改善　完善

1. _____学生的住宿条件是这次会议的主题。

2. 我认为，我们的社会保险制度还有很多需要_____的地方。

四、选择下列词语填空

没依没靠　没大没小　没偏没向　没深没浅

1. 你一人在外，_____，遇事要多小心。

2. 你怎么跟大人这样说话，_____。

3. 什么场合说什么话，可不能_____。

4. 作为老师，对学生应该_____，一碗水端平。

五、用下列词语改写句子

就……而言

1. 根据你现在的身体状况，我建议你住院治疗。

2. 我的英语水平哪当得了翻译啊？

3. 我们公司刚刚起步，技术水平和那些国际大公司相比还差得远。

以……为……

1. 现在很多中国家庭把孩子当作家庭的中心，其实这不利于孩子的发展。

2. 治病救人是医生的职责。

3. 他说太忙没时间，拒绝了我们的邀请。

为了……而……

1. 他不愿意依靠父母，想自己交学费，所以下课后去打工。

2. 作为残疾人，他想和正常人一样生活，因此克服了很多困难。

3. 大学毕业生希望找到好工作，他们往往毕业前一年就开始准备了。

六、语段练习

1. 用具体事例或数字进行说明：

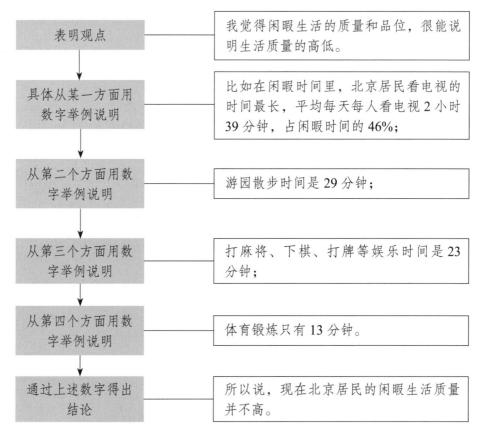

练习：按上述框架顺序排列下列句子：

（1）但是人均购买卷烟在 8 条以下和未购买卷烟的农村家庭占了 57% 的比重。

（2）中国农村人口众多，拥有全国三分之二的卷烟消费者。

（3）卷烟消费量占全国总销量的 66.9%。

（4）这说明，全国农村卷烟市场仍有发展潜力和空间。

（5）全国绝大部分农村家庭都消费卷烟。

2. 解释某个事物：

解释某个事物可以从事物的名称、产生时间、产生的条件以及与该事物相关的最重要的内容等方面来进行。

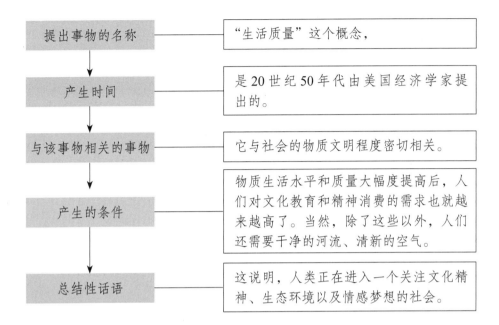

练习：用上述语段框架介绍一个事物。

第14课 网络给我们带来了什么

人生百态

 女儿，你在哪儿

网络可以说是到目前为止最有趣的一种交往方式。网络给我们提供了一个广阔的平台，其中玩儿的、聊的内容丰富多彩。进入网络，人们可以很容易地找到共同话题。聊得开心，就畅所欲言；话不投机，就"转身"走人，就算成不了朋友也不会结怨，心里没有负担。于是不少人通过网络找到了知心朋友，甚至亲密爱人。然而也有人在网络中迷失了方向，不知该何去何从。

日前,网上出现了这样一则消息:南京一名女中专生小霞因迷恋网络交友,已经"失踪"5天了。

小霞的父亲张先生告诉记者,小霞上中专后网瘾越来越大,经常夜不归宿。班主任老师曾多次跑到网吧去找她,但小霞对老师的关心和警告不理不睬,仍然我行我素,甚至为见网友连续几天旷课。

小霞此次失踪后,其父向电信部门求助,想了解小霞经常和什么人联系。不料电话单一打出来吓了一跳:小霞一个月内竟给不同的人发了3700条信息!他都不知道该从哪一条下手[1]找起。据了解,张先生现在每天都在大街小巷的各个网吧寻找女儿。他希望17岁的女儿能早点儿回家,不要荒废了学业。

思考题: 1. 从小霞父亲的角度叙述小霞失踪这一事件。
    2. 你是怎样看待网络交友的?

实话实说

网络改变了我们的生活

网络已经深入我们的生活，改变着我们的工作方式、生活方式、娱乐方式和交际方式。网络又是一个巨大的、无尽的信息宝库，其中的资源可以满足任何人的需要，真是"取之不尽，用之不竭"[2]。

大 学 生：网络提供了一种新的工具。利用这种新工具可以更有效、更快捷地达到目的。可以肯定地说[3]，将来有一天，网络将成为世界上最大、最好的图书馆，世界各地的人，可以为了同一个目标协同工作，时间、空间、国界、语言都不再是交流的障碍。

社会学者：网络促进了文化和思想的大融合。网络社会的行为规范和价值观念最终要进入主流社会，影响并改变我们的生活。这种变化没人能够预料。

公司职员：网络本身就是一个完整的世界，它打破了地域、年龄、经济能力等条件对文化消费的限制，使未来社会成为一个和谐统一的文化圈。知识不再只被掌握在少数精英的手里，而是[4]通过网络传到每一个人那里，人们可以随心所欲地选择，自由自在地参与。网络让地球变成了"地球村"。

大 学 生：网络改变了人们的生活态度。网络普及以前，做一个自由职业[5]者似乎是很遥远的事。但是现在，在家工作、为自己工作成了很多年轻人的选择。要是我大学毕业后找不到合适的工作，我可能也会这么做。

小学教师：我的一个朋友非常喜欢居室装饰品，就在网上开了个店，把商品信息用图片、文字传到网上，顾客随时咨询、购买。他把爱好和职业结合起来，生意非常好。现在他妻子也辞职和他一块儿经营了。这算是网络改变了人们的就业方式吧。

网络公司职员：我是设计网络游戏的。可以说是靠网络吃饭[6]的人。我的一个同事曾经是个非常热爱玩网络游戏的人，现在被我们公司聘为媒体宣传员。他从网络玩家变成了游戏产业的从业者，网络改变了他的命运。

高校教师：我的工作完全离不开网络图书馆。我的大部分研究资料都是从网上搜来的。要是没了网络，我肯定会像一个没了家的孩子。

医　　生：互联网使全球会诊成为现实。遇到特殊疑难病例的时候，可以同时让世界各地的互不相识的医生来会诊。没有互联网，这是不可想象的。

经济学者：网络能让陌生人联合起来，产生经济效益。最常见的例子就是"网络团购"。在传统生意里，买方是单独的个体，讨价还价只是个人行为，效果不大。但在互联网的帮助下，有相同购买需求的人联合起来，集体购买，跟卖方讲价，得到较多的实惠就不在话下了[7]。

公　务　员：我是个网民。聊天是我上网的主要活动之一。最早网上聊天的工具是聊天室、论坛，后来升级换代了，使用QQ或者微信这些即时通讯软件。反正我只要上网就会开着自己的微信。我觉得它已经不只是一种个人的通讯工具，而是现代交流方式的象征。

外企白领：因为工作很忙，我的生活圈子挺窄的，有相同爱好的朋友更是少得可怜。于是我通过QQ在网上结识兴趣相投的人，形成一个"圈子"，定期组织活动。即时聊天拓宽了我们的生活空间，给人与人的交往增加了无限的可能性。

大 学 生：不能否认[8]，网络也给我们带来了负面影响。有人利用网络的隐身功能发表不负责任的言论，或者故意散布虚假信息，甚至进行网络诈骗活动。

银行职员：网络只不过是个工具，本身无所谓[9]好坏，关键看人们怎么利用它。总的来说不能沉迷于网络。它只是一个虚拟的世界，现实生活中我们还有很多事要做。

中学教师：网络打开了一个大得超乎想象的信息库，使我们有时感到无所适从，出现信息疲劳。

互联网来到我们身边的时间还不算长，但任何一个人都会看出：这是改变世界的一个伟大事件。其中包含着无限的可能性。难怪美国《时代》周刊评选出的2006年度人物，不是具体的某个人，而是正在上网的"YOU（你）"！这就是互联网时代！

练习题：1. 互联网怎样改变了你的生活？从你体会最深的一个或几个方面详细说明。
　　　　2. 你认为应该怎样减少网络给青少年带来的不良影响？

专家观点

网络成瘾

网络成瘾有四方面的指标：第一，每天上网时间大于四小时；第二，除了吃饭、睡觉，把整个身心都用在了网上，产生了精神依赖；第三，随着时间的推移，上网时间和强度不断增加。上网强度是指刺激越大他就越快乐；第四，如果让他停止上网，他会产生烦躁不安、发脾气等不良情绪。

最近有一项在中国31个省进行的调查，中国青少年有一千万网络成瘾者，有九百万接近网络成瘾。这不是一个小数字。因为它意味着[10]两千万孩子的背后有数倍的家长感到焦虑和无助。

　　面对迷恋网络的孩子，家长要做的第一件事就是找到他迷恋上网的原因。一般孩子都是想在网上寻找成就感、满足感，或者减轻压力、消除孤独。这说明孩子在现实生活中没有得到这些东西，家长要及时纠正自己教育中的失误。第二件事就是给孩子找一个兴趣替代，比如带他去旅游，去参加体育活动。第三件事就是跟孩子一起制定一个上网条约，规定他的上网时间、上网内容。如果这些办法都不见效，就应该去专门的心理机构进行治疗。

生词

1	广阔	guǎngkuò	形	vast, extensive
2	平台	píngtái	名	platform
3	畅所欲言	chàng suǒ yù yán		to speak one's mind freely, to speak without reservation
4	投机	tóujī	形	agreeable, congenial
5	结怨	jié yuàn		to bear grudges, to contract enmity
6	迷失	míshī	动	to lose（one's way, etc.）
7	何去何从	hé qù hé cóng		what course to follow
8	失踪	shīzōng	动	to disappear, to be missing
9	夜不归宿	yè bù guī sù		not to go back home the whole night
10	我行我素	wǒ xíng wǒ sù		to go one's own way no matter what others may say
11	下手	xiàshǒu	动	to start doing something
12	荒废	huāngfèi	动	to neglect, to be out of practice
13	快捷	kuàijié	形	(of speed) quick, nimble
14	协同	xiétóng	动	to work in concert or coordination
15	主流	zhǔliú	名	trunk stream, main aspect

16	掌握	zhǎngwò	动	to control, to hold in one's hand
17	精英	jīngyīng	名	the best and the brightest, elite
18	随心所欲	suí xīn suǒ yù		to do as one pleases or wishes
19	从业	cóngyè	动	to be engaged in, to obtain employment
20	搜	sōu	动	to look for, to search
21	会诊	huìzhěn	动	medical consultation for difficult cases
22	实惠	shíhuì	形	real benefit
23	升级换代	shēngjí huàndài		(of manufactured goods) updating and upgrading
24	即时	jíshí	副	immediately, forthwith
25	象征	xiàngzhēng	名/动	symbol; to symbolize, to stand for
26	圈子	quānzi	名	circle, ring, clique, group
27	拓宽	tuòkuān	动	to extend, to broaden
28	隐身	yǐnshēn	动	to hide, to conceal
29	散布	sànbù	动	to spread, to scatter, to diffuse
30	诈骗	zhàpiàn	动	to defraud, to trick into
31	沉迷	chénmí	动	to indulge, to wallow
32	虚拟	xūnǐ	形/动	suppositional; to invented
33	无所适从	wú suǒ shì cóng		to be at a loss what to do
34	指标	zhǐbiāo	名	target, quota, norm
35	推移	tuīyí	动	(of time) to elapse, (of situations, etc.) to develop; to evolve
36	烦躁	fánzào	形	fretful, agitated or fidget
37	焦虑	jiāolǜ	形	agitated, anxious

注释

1 下手

表示从某处开始做。例:
① 这么多难题摆在面前,我真不知道该从哪儿下手。
② 只要及时下手,问题还是来得及解决的。

2 取之不尽,用之不竭

形容非常多,永远用不完。例:
① 自然资源都是有限的,并非取之不尽,用之不竭。
② 千年的历史文化是艺术创作取之不尽用之不竭的宝藏。

3 可以肯定地说

常用于句首或句中,表明说话人对事物肯定的判断。例:
① 可以肯定地说,学习态度和学习效果是成正比的。
② 虽然我说服不了你,但可以肯定地说,你这么做是错误的。

4 不再……而是……

表示原有的情况停止或结束,变化为新的情况。例:
① 自从当了志愿者,周末他不再睡懒觉,而是一大早就去老年公寓服务。
② 孩子大了,不再什么事都依赖大人,而是想自己尝试。

5 自由职业

指不必一直在岗的职业。比如自由撰稿人、艺术家、设计师、演员、律师等。

6 靠……吃饭

比喻把……当作谋生的资本、条件。例:
① 我们这些舞蹈演员啊,是靠青春吃饭的。
② 我已经是成年人了,得靠自己的本事吃饭。

7 ……不在话下

口语常用格式。表示说话人认为简单、容易,轻易可以做到,不值得重视。例:
① 要说比词汇量,小王不在话下。
② 四川菜、广东菜都不在话下,就是西式菜点我不会做。
③ 李明多才多艺,唱歌、跳舞、打球、摄影都不在话下。

8 不能否认,……

表示认可、承认。常用于句首。例:
① 不能否认,你的建议是好的,但很难执行。
② 不能否认,高考给学生们提供了一个相对平等的竞争机会。

9 无所谓……

"所谓"就是"所说的",后面常为评价性词语,"无所谓"的意思是"谈不上……"。例:
① 这两种手机我看差不多,无所谓好坏,买哪种你决定吧。
② 我们的目标是尽量做好工作,无所谓谁第一谁第二。

10 意味着

有某种含义。后面可以是动词、形容词、名词或小句。例:
① 放弃意味着失败。
② 今天我们讨论的话题是"结婚意味着什么"。
③ 父母离婚并不意味着孩子从此失去了父母的爱。

练习

一、画线连词

提供	限制	成为	现实
迷失	工作	得到	实惠
迷恋	网络	通讯	圈子
协同	平台	生活	消息
主流	社会	散布	影响
打破	方向	负面	软件

二、下列每组词语中，有一个与其他几个不同，请把它找出来

1. 单独　　　单位　　　孤独　　　独立
2. 快捷　　　实惠　　　烦躁　　　荒废
3. 不理不睬　一言一行　何去何从　我行我素
4. 纠正　　　改正　　　校正　　　公正
5. 减轻　　　疲劳　　　加重　　　打开

三、选词填空

　　亲密　　密切

1. 经过几年的交往，他成了我最_____的朋友。
2. 健康与心情有_____的关系。

　　满足　　满意

1. 老师对他的回答表示_____。
2. 虽然我取得了一定的成绩，但是我并不_____，我要继续努力。

> 达到　　到达

1. 经过两天一夜的旅程，我们终于_____了目的地。

2. 我们生产的汽车已经完全_____了欧洲排放标准。

> 打破　　破坏

1. 在此次比赛中，中国运动员刘翔_____了男子110米栏世界纪录。

2. 网络犯罪在一定程度上_____了人们正常的生活秩序。

> 普及　　普遍

1. 随着房价的升高，贷款买房在很多大城市已经非常_____。

2. 中国_____义务教育成效显著。

> 结合　　融合　　联合

1. 我觉得能把爱好和工作_____起来的人是非常快乐的。

2. 各民族文化的_____促进了该地区经济的发展。

3. 面对厂商不负责的行为，消费者可以_____起来向有关部门反映。

> 纠正　　改正

1. 对于外语初学者来说，上课的时候老师及时_____他们的发音非常必要。

2. 犯了错误不要紧，_____过来就行了。

四、用下列词语改写句子

> 畅所欲言　　话不投机　　何去何从
> 不理不睬　　不在话下　　自由自在

1. 谁不向往没有压力，没有约束的生活呢？

2. 面临这么关键的抉择，我一时不知道该怎么办。

3. 他俩总是说不到一块儿，见了面没说几句话就会吵起来。

4. 希望大家别有顾虑，想说什么就说什么。

5. 小王是电脑高手，处理这点儿小故障肯定没问题。

6. 小赵和妻子吵架了，这两天几乎不跟她说话。

五、完成句子

1. 听了他的话，我_____。（不再……而是……）

2. 自从经历了那次交通事故，他_____。

   （不再……而是……）

3. 人民币升值_____。（意味着）

4. 我认为，竞争对每个人来说_____。（意味着）

5. 对我来说，独自一人到异国求学_____。（意味着）

六、语段练习

1. 完整地叙述一件事：

在汉语中，人们经常用比较简单的几个句子完整地叙述一件事。这些句子一般先交代时间、地点、人物，然后说明事情的起因、发展和结局。

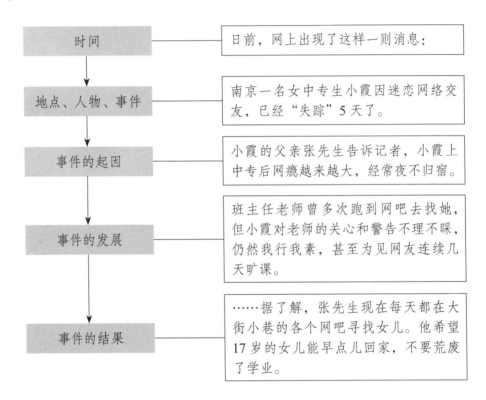

练习：用上述方式叙述自己经历过的一件事。

2. 完整地说明一个事物：

在汉语中，人们也可以用比较简单的几段话完整地说明一个事物。一般从事物的名称、特性、作用、意义、影响等几个方面进行说明。说明时可根据说话人的意图删减、组合。

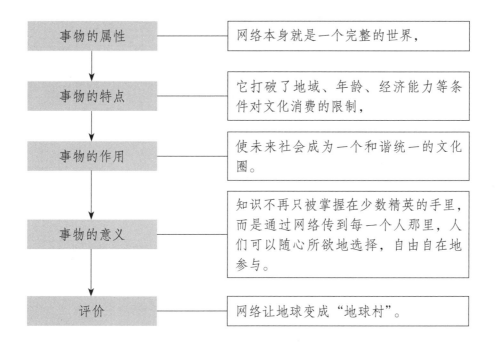

练习：请按上述方法进行练习。

词汇表

VOCABULARY

A

| 昂贵 | ángguì | 形 | 13 |
| 懊恼 | àonǎo | 形 | 4 |

B

吧嗒	bādā	拟声	5
把握	bǎwò	动	10
摆脱	bǎituō	动	9
褒贬	bāobiǎn	动	12
保留	bǎoliú	动	6
保姆	bǎomǔ	名	7
抱怨	bàoyuàn	动	12
背景	bèijǐng	名	7
本分	běnfèn	名/形	1
本能	běnnéng	名	3
逼	bī	动	5
比比皆是	bǐbǐ jiē shì		10
彼此	bǐcǐ	代	5
避讳	bìhuì	动	10
避苦趋乐	bì kǔ qū lè		3
避免	bìmiǎn	动	6
标志	biāozhì	名/动	3
别有用心	bié yǒu yòng xīn		1

不朽	bùxiǔ	动	9
不依不饶	bù yī bù ráo		5
步履	bùlǚ	名	4

C

草草	cǎocǎo	副	1
层次	céngcì	名	7
查获	cháhuò	动	8
搀扶	chānfú	动	10
产业	chǎnyè	名	9
敞开	chǎngkāi	动	7
畅所欲言	chàng suǒ yù yán		14
倡导	chàngdǎo	动	11
嘲笑	cháoxiào	动	9
车水马龙	chē shuǐ mǎ lóng		4
沉迷	chénmí	动	14
沉着	chénzhuó	形	1
成瘾	chéng yǐn		9
承诺	chéngnuò	动	6
承受	chéngshòu	动	3
痴呆	chīdāi	形	7
冲突	chōngtū	动	1
崇拜	chóngbài	动	6

崇尚	chóngshàng	动	1
重叠	chóngdié	动	6
抽象	chōuxiàng	形	11
酬金	chóujīn	名	4
处罚	chǔfá	动	8
处世	chǔshì	动	1
传播	chuánbō	动	12
传染	chuánrǎn	动	5
传诵	chuánsòng	动	9
纯粹	chúncuì	形	7
纯朴	chúnpǔ	形	7
磁铁	cítiě	名	6
从业	cóngyè	动	14
促进	cùjìn	动	12
挫折	cuòzhé	名	3
错怪	cuòguài	动	2

D

大包大揽	dà bāo dà lǎn		3
大体	dàtǐ	副	2
大杂院	dàzáyuàn	名	5
大致	dàzhì	副	7
代沟	dàigōu	名	2
代价	dàijià	名	2
怠工	dàigōng	动	7
单纯	dānchún	形	8

导致	dǎozhì	动	1
颠簸	diānbǒ	动	3
刁民	diāomín	名	8
叮	dīng	动	6
东张西望	dōng zhāng xī wàng		4
动机	dòngjī	名	3
断绝	duànjué	动	8
对抗	duìkàng	动	12
多余	duōyú	形	10
多姿多彩	duō zī duō cǎi		9

E

恶心	ěxīn	形/动	9

F

发动	fādòng	动	8
发福	fā fú		1
发起	fāqǐ	动	11
烦躁	fánzào	形	14
反感	fǎngǎn	形	2
反叛	fǎnpàn	动	2
返老还童	fǎn lǎo huán tóng		2
饭桶	fàntǒng	名	11
妨碍	fáng'ài	动	6
放弃	fàngqì	动	10
分类	fēn lèi		11
分裂	fēnliè	动	6

分歧	fēnqí	名	2		搁	gē	动	5
氛围	fēnwéi	名	9		隔膜	gémó	形/名	1
丰富多彩	fēngfù duōcǎi		12		根除	gēnchú	动	8
风雨相伴	fēng yǔ xiāng bàn		11		共识	gòngshí	名	10
封闭	fēngbì	动	7		沟通	gōutōng	动	2
扶持	fúchí	动	10		顾虑重重	gùlù chóngchóng		10
扶贫	fúpín	动	12		雇佣	gùyōng	动	7
扶摇直上	fúyáo zhí shàng		12		拐棍	guǎigùn	名	7
扶助	fúzhù	动	2		关键	guānjiàn	名	2
浮躁	fúzào	形	12		关注	guānzhù	动	11
符号	fúhào	名	7		灌溉	guàngài	动	11
符合	fúhé	动	5		灌输	guànshū	动	3
幅度	fúdù	名	13		咣当	guāngdāng	拟声	5
负面	fùmiàn	形	1		广阔	guǎngkuò	形	14
复苏	fùsū	动	12		规矩	guīju	名	7
富足	fùzú	形	11		闺女	guīnü	名	7
G					**H**			
改进	gǎijìn	动	12		含蓄	hánxù	形	1
改善	gǎishàn	动	11		寒暄	hánxuān	动	4
概念	gàiniàn	名	13		合算	hésuàn	形	1
干脆	gāncuì	副	6		何苦	hékǔ	副	9
赶尽杀绝	gǎn jìn shā jué		8		何去何从	hé qù hé cóng		14
敢情	gǎnqing	副	9		和谐	héxié	形	11
港湾	gǎngwān	名	6		黑猩猩	hēixīngxing	名	11
高尚	gāoshàng	形	8		衡量	héngliáng	动	9

喉	hóu	名	2
忽略	hūlüè	动	13
忽视	hūshì	动	6
华灯	huádēng	名	4
淮河	Huái Hé	专名	11
欢畅	huānchàng	形	5
缓解	huǎnjiě	动	10
幻听	huàntīng	名	7
荒废	huāngfèi	动	14
恍惚	huǎnghū	形	12
回报	huíbào	动	4
回归	huíguī	动	10
回心转意	huí xīn zhuǎn yì		10
会诊	huìzhěn	动	14
火爆	huǒbào	形	3
和稀泥	huò xīní		4

J

鸡尾酒	jīwěijiǔ	名	1
即时	jíshí	副	14
籍贯	jíguàn	名	1
家长里短	jiā cháng lǐ duǎn		2
家喻户晓	jiā yù hù xiǎo		8
甲肝	jiǎgān	名	5
假冒伪劣	jiǎ mào wěi liè		8
尖锐	jiānruì	形	2

监督	jiāndū	动	12
监禁	jiānjìn	动	8
简朴	jiǎnpǔ	形	11
见利忘义	jiàn lì wàng yì		4
健全	jiànquán	形/动	8
健身	jiànshēn	动	13
鉴定	jiàndìng	名/动	8
箭头	jiàntóu	名	6
交叉	jiāochā	动	6
娇生惯养	jiāo shēng guàn yǎng		3
焦虑	jiāolǜ	形	14
接纳	jiēnà	动	7
街头巷尾	jiē tóu xiàng wěi		12
截然	jiérán	副	7
结怨	jié yuàn		14
解除	jiěchú	动	10
金额	jīn'é	名	8
金属	jīnshǔ	名	11
谨慎	jǐnshèn	形	1
经受	jīngshòu	动	3
精英	jīngyīng	名	14
经营	jīngyíng	动	8
警告	jǐnggào	动	6
敬	jìng	动	9
境界	jìngjiè	名	4

就业	jiùyè		3		滥用	lànyòng	动	10
拘谨	jūjǐn	形	9		唠叨	láodao	动	2
居高临下	jū gāo lín xià		2		老实	lǎoshi	形	1
聚餐	jù cān		1		勒索	lèsuǒ	动	4
觉悟	juéwù	动/名	3		类似	lèisì	动	4
绝症	juézhèng	名	10		礼让	lǐràng	动	2
均衡	jūnhéng	形	1		理念	lǐniàn	名	11

K

					理所当然	lǐ suǒ dāng rán		1
开导	kāidǎo	动	10		理智	lǐzhì	形	10
开销	kāixiāo	名	6		立场	lìchǎng	名	7
抗争	kàngzhēng	动	10		立法	lì fǎ		10
考验	kǎoyàn	动/名	3		立竿见影	lì gān jiàn yǐng		4
渴望	kěwàng	动	6		利润	lìrùn	名	12
刻意	kèyì	副	5		利欲熏心	lì yù xūn xīn		4
客观	kèguān	名	13		良心	liángxīn	名	7
空荡荡	kōngdàngdàng	形	10		撂	liào	动	7
空隙	kòngxì	名	10		拎	līn	动	5
苦心	kǔxīn	副	2		伶俐	línglì	形	6
快捷	kuàijié	形	14		灵感	línggǎn	名	9
宽容	kuānróng	形	6		灵活	línghuó	形	5
款待	kuǎndài	动	9		领域	lǐngyù	名	7
困惑	kùnhuò	名	10		留恋	liúliàn	动	5

L

					履行	lǚxíng	动	6
拉练	lāliàn	动	3		伦理	lúnlǐ	名	6
滥	làn	形	12		轮流	lúnliú	动	1

VOCABULARY

M

麻将	májiàng	名	13
瞒	mán	动	10
满足	mǎnzú	动	7
猫腻	māonì	名	6
煤气	méiqì	名	5
美满	měimǎn	形	1
猛	měng	形	1
迷失	míshī	动	14
密	mì	形	13
免除	miǎnchú	动	10
面孔	miànkǒng	名	12
名正言顺	míng zhèng yán shùn		4
模范	mófàn	形/名	6
模糊	móhu	形	4
磨合	móhé	动	7
磨炼	móliàn	动	3
莫名其妙	mò míng qí miào		9
谋生	móushēng	动	11

N

乃至	nǎizhì	副	3
难能可贵	nán néng kě guì		8
闹市	nàoshì	名	11
内务	nèiwù	名	7
泥泞	nínìng	形	3
溺爱	nì'ài	动	2
宁静	níngjìng	形	6
挪	nuó	动	4

P

排遣	páiqiǎn	动	9
判决	pànjué	动	10
庞大	pángdà	形	9
赔偿	péicháng	动	8
配合	pèihé	动	10
噼啪	pīpā	拟声	4
频道	píndào	名	12
品位	pǐnwèi	名	13
平台	píngtái	名	14
评	píng	动	7
颇	pō	副	10
笸箩	pǒluo	名	9
仆人	púrén	名	7

Q

欺诈	qīzhà	动	1
气氛	qìfēn	名	6
气质	qìzhì	名	9
契约	qìyuē	名	7
起步	qǐbù	动	12
起码	qǐmǎ	形	7
谦虚	qiānxū	形	1

前提	qiántí	名	7
潜意识	qiányìshi	名	7
强制	qiángzhì	动	11
强迫	qiǎngpò	动	12
窍门	qiàomén	名	11
钦佩	qīnpèi	动	4
亲密无间	qīnmì wú jiàn		5
倾听	qīngtīng	动	2
求生	qiúshēng	动	10
驱使	qūshǐ	动	2
渠道	qúdào	名	12
圈子	quānzi	名	14
确立	quèlì	动	7

R

惹祸	rě huò		7
忍耐	rěnnài	动	2
认可	rènkě	动	7
任重道远	rèn zhòng dào yuǎn		11
日益	rìyì	副	3
融洽	róngqià	形	2
融入	róngrù	动	9
如愿以偿	rú yuàn yǐ cháng		6
软弱	ruǎnruò	形	1

S

三番五次	sān fān wǔ cì		5
散布	sànbù	动	14
奢望	shēwàng	动	7
设身处地	shè shēn chǔ dì		2
社区	shèqū	名	13
深恶痛绝	shēn wù tòng jué		8
渗入	shènrù	动	12
升级换代	shēng jí huàn dài		14
生动	shēngdòng	形	12
生态	shēngtài	名	13
失踪	shīzōng	动	14
实惠	shíhuì	形	14
实施	shíshī	动	7
拾金不昧	shí jīn bú mèi		4
市民气	shìmínqì	名	5
嗜好	shìhào	名	6
试图	shìtú	动	6
疏远	shūyuǎn	形/动	1
属性	shǔxìng	名	3
束缚	shùfù	动	9
顺从	shùncóng	动	1
说服力	shuōfúlì	名	13
硕大无朋	shuòdà wú péng		9
搜	sōu	动	14
俗气	súqi	形	9
素不相识	sù bù xiāngshí		9

随心所欲	suí xīn suǒ yù		14
损害	sǔnhài	动	8
索赔	suǒpéi	动	8
索取	suǒqǔ	动	11

T

贪杯	tānbēi	动	9
贪婪	tānlán	形	11
坦诚	tǎnchéng	形	9
坦然	tǎnrán	形	10
坦率	tǎnshuài	形	1
提升	tíshēng	动	13
体现	tǐxiàn	动	5
悌	tì	形	10
替代	tìdài	动	11
天伦之乐	tiānlún zhī lè		2
添砖加瓦	tiān zhuān jiā wǎ		6
田园	tiányuán	名	11
调	tiáo	动	1
通宵	tōngxiāo	名	9
投机	tóujī	形	14
投入	tóurù	动/形	7
透	tòu	动	9
透支	tòuzhī	动	9
图	tú	动	4
推辞	tuīcí	动	4
推动	tuīdòng	动	8
推移	tuīyí	动	14
退缩	tuìsuō	动	10
拓宽	tuòkuān	动	14

W

完善	wánshàn	动/形	8
忘年交	wàngniánjiāo	名	6
望子成龙	wàng zǐ chéng lóng		3
威胁	wēixié	动	8
微乎其微	wēi hū qí wēi		11
为人	wéirén	名	1
违背	wéibèi	动	3
委屈	wěiqu	形	7
伪装	wěizhuāng	动	8
未尝不可	wèi cháng bù kě		6
慰藉	wèijiè	动	2
温情	wēnqíng	名	7
温馨	wēnxīn	形	6
文人墨客	wénrén mòkè		9
我行我素	wǒ xíng wǒ sù		14
无可厚非	wú kě hòu fēi		4
无孔不入	wú kǒng bú rù		12
无能为力	wú néng wéi lì		11
无私	wúsī	形	4
无所适从	wú suǒ shì cóng		14

无休止	wú xiūzhǐ		11
无影无踪	wú yǐng wú zōng		3
误解	wùjiě	名/动	13
物资	wùzī	名	11
雾霾	wùmái	名	13

X

喜出望外	xǐ chū wàng wài		4
细胞	xìbāo	名	7
细节	xìjié	名	11
狭隘	xiá'ài	形	5
下人	xiàrén	名	7
下手	xiàshǒu	动	14
闲暇	xiánxiá	名	6
显而易见	xiǎn ér yì jiàn		12
现身说法	xiànshēn shuōfǎ	动	9
相濡以沫	xiāng rú yǐ mò		5
相应	xiāngyìng	动	7
想方设法	xiǎng fāng shè fǎ		4
想象	xiǎngxiàng	动/名	14
向往	xiàngwǎng	动	11
象征	xiàngzhēng	名/动	14
消除	xiāochú	动	11
消耗	xiāohào	动	11
消极	xiāojí	形	7
消灭	xiāomiè	动	7
消遣	xiāoqiǎn	动	6
销售	xiāoshòu	动	8
小看	xiǎokàn	动	4
小视	xiǎoshì	动	9
孝	xiào	形	10
效应	xiàoyìng	名	1
协会	xiéhuì	名	11
协同	xiétóng	动	14
携带	xiédài	动	8
心烦意乱	xīn fán yì luàn		12
心扉	xīnfēi	名	9
心心相印	xīn xīn xiāng yìn		6
信息	xìnxī	名	12
行善	xíng shàn		4
修养	xiūyǎng	名	13
虚拟	xūnǐ	形/动	14
虚伪	xūwěi	形	7
学术	xuéshù	名	6

Y

芽	yá	名	11
严谨	yánjǐn	形	10
眼神	yǎnshén	名	5
谚语	yànyǔ	名	3
养儿防老	yǎng ér fáng lǎo		2
夜不归宿	yè bù guī sù		14

依赖	yīlài	动	2		舆论	yúlùn	名	10
一概而论	yí gài ér lùn		5		郁闷	yùmèn	形	9
一见钟情	yí jiàn zhōngqíng		9		郁郁葱葱	yùyùcōngcōng	形	10
一律	yílǜ	形	1		寓所	yùsuǒ	名	11
一味	yíwèi	副	8		原则	yuánzé	名	2
以便	yǐbiàn	连	8		远见	yuǎnjiàn	名	3
乙肝	yǐgān	名	5		悦耳	yuè'ěr	形	4
以身作则	yǐ shēn zuò zé		4		悦目	yuèmù	形	12
一回事	yì huí shì		13		熨斗	yùndǒu	名	5

Z

一无是处	yì wú shì chù		9		灾难	zāinàn	名	10
毅力	yìlì	名	11		造成	zàochéng	动	11
意识	yìshi	动/名	8		增进	zēngjìn	动	6
意味	yìwèi	名	7		诈骗	zhàpiàn	动	14
因人而异	yīn rén ér yì		13		债务	zhàiwù	名	10
阴影	yīnyǐng	名	10		张贴	zhāngtiē	动	12
隐藏	yǐncáng	动	5		掌握	zhǎngwò	动	14
隐身	yǐnshēn	动	14		招	zhāo	动	5
隐私	yǐnsī	名	5		真诚	zhēnchéng	形	6
隐性	yǐnxìng	形	13		真相	zhēnxiàng	名	10
赢利	yínglì	动/名	8		诊断	zhěnduàn	动	10
映照	yìngzhào	动	1		正当	zhèngdàng	形	4
有机	yǒujī	形	11		正路	zhènglù	名	8
诱惑	yòuhuò	动	12		支付	zhīfù	动	7
娱乐	yúlè	名/动	13		支配	zhīpèi	动	10
愚蠢	yúchǔn	形	13					

直面	zhímiàn	动	10		拄	zhǔ	动	7
纸屑	zhǐxiè	名	11		注册	zhùcé	动	12
指标	zhǐbiāo	名	14		助兴	zhùxìng	动	9
治理	zhìlǐ	动	11		装修	zhuāngxiū	动	5
中毒	zhòng dú		5		追求	zhuīqiú	动	1
众人皆知	zhòng rén jiē zhī		11		着实	zhuóshí	副	3
周折	zhōuzhé	名	4		自觉	zìjué	动/形	10
主动	zhǔdòng	形	5		钻空子	zuān kòngzi		8
主观	zhǔguān	名	13		座谈	zuòtán	动	9
主流	zhǔliú	名	14					